汉译世界文学名著丛书

乌托邦

[英] 托马斯·莫尔 著

戴镏龄 译

本书1516年卢万城初版，原名De optimo Reipublicae statu, deque nova insula Utopia。中译本初版的正文依据1912年纽约麦克米伦公司翻印的鲁宾逊的英译本（The Utopia of Sir Thomas More, tr. Ralph Robynson）转译。本版根据鲁宾逊的英译本和美国耶鲁大学出版社1965年出版的《莫尔全集》第4卷《乌托邦》（The Complete Works of St. Thomas More Vol.4 Utopia）——拉丁文英文对照本修订。

莫 尔 像

(霍尔拜因作)

汉译世界文学名著丛书
出版说明

1902年，我馆筹组编译所之初，即广邀名家，如梁启超、林纾等，翻译出版外国文学名著，风靡一时；其后策划多种文学翻译系列丛书，如"说部丛书""林译小说丛书""世界文学名著""英汉对照名家小说选"等，接踵刊行，影响甚巨。从此，文学翻译成为我馆不可或缺的出版方向，百余年来，未尝间断。2021年，正值"汉译世界学术名著丛书"出版40周年之际，我馆规划出版"汉译世界文学名著丛书"，赓续传统，立足当下，面向未来，为读者系统提供世界文学佳作。

本丛书的出版主旨，大凡有三：一是不论作品所出的民族、区域、国家、语言，不论体裁所属之诗歌、小说、戏剧、散文、传记，只要是历史上确有定评的经典，皆在本丛书收录之列，力求名作无遗，诸体皆备；二是不论译者的背景、资历、出身、年龄，只要其翻译质量合乎我馆要求，皆在本丛书收录之列，力求译笔精当，抉发文心；三是不论需要何种付出，我馆必以一贯之定力与努力，长期经营，积以时日，力求成就一套完整呈现世界文学经典全貌的汉译精品丛书。我们衷心期待各界朋友推荐佳作，携稿来归，批评指教，共襄盛举。

商务印书馆编辑部

2021年8月

序　言

托马斯·莫尔是欧洲文艺复兴时期英国杰出的人文主义者，1478年生，由于据说在宗教问题上违抗英王亨利八世，被判处死刑而不得不泰然自若地走上断头台，时在1535年。

文艺复兴时期的人文主义者大都思想比较先进，反对中世纪的禁欲观念和神权主义，坚持以人为本位，相信人的力量，力求满足人的情感和兴趣。莫尔当然也具有上述的特征。但是由于多数人文主义者毕竟主要地是新兴资产阶级的代表，他们不可能在利益上和人民大众取得更大程度的一致。莫尔所以超出同辈，直到今天还享有盛名，其作品还未丧失现实意义，恰在于其能高度关心人民大众的生活。他在《乌托邦》这部不朽的著作中，为当日英国广大劳苦群众所遭受的水深火热的痛苦，慷慨陈词，大声疾呼。不仅如此，他还指出造成这种痛苦的根源，并提出具体的办法和措施，要一劳永逸地彻底解决他认为是具有普遍性的重大社会问题。在这一点上，他表现出丰富的才华，巨大的热情，过人的胆略，并阐述了精辟的见解。

莫尔在大学读书时代，已经对希腊拉丁古典文学的研究有很深的造诣，头角峥嵘，受到一些前辈学者的器重。以后他又和欧洲大陆上著名的人文主义者伊拉斯谟（Desiderious Erasmus〔约 1466—1536〕）成为莫逆之交，反复商量问题，切磋学问。书本上的东西以及师友的交往，都对他心智的成长有极大的帮助。而更重要的是，他后来成为一个经历丰富、见闻广博、又颇为留心新事物的政治家和社会活动家。他是英国人，供职本国政府，对于自己同胞在都铎王朝专制统治下所受的苦难，观察直接，了解特别深刻。例如英王对内百般聚敛，巧取豪夺，用刑严酷，杀人如麻；对外好战尚武，不讲信义，妄图称霸于一时。他的一些宠臣，不但不犯颜力谏，反去阿谀奉承，逢君之恶。莫尔最关心而且急于想纠正的，是大批农民被暴力从自己耕地上撵走及因此而引起的一系列严重后果。贵族豪绅把耕地一片接一片地圈起，变做牧场，用来养羊，提供纺织毛呢需要的羊毛。这就是所谓圈地运动。成千上万的农民被迫离开累世居住的家园，无法就业，到处流浪，以致或是饿死沟壑，或是流为盗匪。在英王政府的血腥统治下，流浪有罪，讨饭有罪，盗窃当然更有罪，总之，刑律苛烦，百姓动辄得咎，性命不保。在都铎王朝卵翼下的英国大贵族、大商人，为了喂肥自己，不惜和反动政府狼狈为奸，剥削镇压劳动群众。莫尔在《乌托邦》中关于他那个时代——资本原始积累的初期所谓"羊吃人"的情况的描绘非常逼真，令读者为之感动，马克思在《资本论》中曾部分地加以引用。

莫尔对时政的不满与批评，达到异常坦率的地步。可是由于他所面对的亨利八世，是一个刚愎残忍的暴君，他觉得如果用隐蔽假托的方式陈述自己的观点，可能会有好的效果。这种方式颇类似我国古代诗人的主文谲谏，可惜仍然不曾取得应有的效果，只是使他的书留传后世，作为文学杰作，尤其是作为社会主义思想史上的一部伟大的文献；这也是作者几百年来享有盛名的主要原因。

莫尔在1516年写成《乌托邦》，采取了非常严肃的态度，使用的是当时学术界通行的拉丁语，但是书中人名、地名以及其他专名，都是杜撰。"乌托邦"（Utopia）这个词本身就是据古希腊语虚造出来的，六个字母中有四个元音，读起来很响，指的却是"无何有之乡"，不存在于客观世界。

很明显，莫尔是一个有抱负有理想的人，他写作的动机是积极的，是渴望实现自己的抱负和理想的。然而乌托邦社会主义却成为空想社会主义的同义词，乌托邦在后代被人们和空想等同起来。这也许非莫尔始料所及。

他的时代是地理发现的大时代。新的航路，新的陆地，新的人民，一齐涌现出来，使欧洲人眼界顿开，打破了成见，解放了思想。在这样的气氛中，莫尔从一位航海家口里叙出一个乌托邦来，的确真假难分，有如能迷惑人的桃源仙境。

原书分两部分，第一部分谈到一个不合理的社会，熟悉英国这个时期历史的人一望而知，这指的是莫尔置身其中的英国社会。这一部分抨击了英国政治和社会的种种黑暗，然而作者点染巧妙，隐约其词，运用虚实相生的影射手法，使得倔强固执的英王也无从问罪作者。第二部分描绘乌托邦这个理想国，它同第一部分的内容形成鲜明的对照。作者关于未来的完美社会的全部设想都包含在这一部分。以下拟就六个方面分别来谈谈：

一 财产公有

财产公有是乌托邦的最大特点，也是莫尔社会主义思想中最可贵的要素。莫尔断言私有制是万恶的根源，私有制存在，就不可能根除贪婪、争讼、掠夺、战争及一切社会不安的因素。在这种制度下，总是凶狠狡黠的人占便宜，取得最多的财富，他们是人口中的少数。至于占多数的质朴真诚的劳动人民，对社会作出很大的贡献，却穷困潦倒，生活无着。世界再没有比这更不公平的事了。在乌托邦，全部社会财富是大家所公有的。不管什么产品，用的还是吃的，都汇聚到每座城市的几个指定的市场。家家户户到市场领取全部所需要的东西，不付钱，不付任何代价，也不受数量限制，但是从来无人多领，因为乌托邦物资充裕，取之不尽，如果在自己家中积存物资，真是多此一举。总之，乌托邦实行财产公有，按需分配，其前提是物资非常充足，产品非常丰富。莫尔着重地提出这一点，这是其有远见之处。

不但一个城市的分配如此，而且城乡之间，各个城市之间，无不平均分享物资，互通有无，不需补偿。整个乌托邦就是一个共产主义大家庭。

二　生产劳动

读者不禁要问，乌托邦不计其数的产品究竟从何而来的呢？回答是，这与乌托邦所严格执行的生产劳动制度分不开。

莫尔不曾用过生产劳动这个名称，但我们发现，乌托邦所有的劳动都是用于增进国家财富，提高社会福利，有益于全体人民衣食住行各种生活状况的改进，所以这种劳动是生产性的。淫巧的工艺，徒供奢侈享受而无益于国计民生的物品，都在一概禁绝之列，不许把劳动花在这上面。

在乌托邦，除极少数人以外，人人都须参加这种有益的劳动。首先是农业劳动。但除此之外，每人还须学一项专门手艺；学好一门之后，愿意学两门的听其自便。他们学纺织，学冶炼，学做木工或泥水匠，这些都是与改善人们的生活有密切联系的行业。

乌托邦没有贵族、地主等这些只图享受的寄生虫，没有二流子，没有乞讨为生的人。乌托邦人虽然每天只是白天劳动六小时，产品却十分丰富。

三　务农为本

　　乌托邦人牢牢地树立了务农为本的观念，特别重视农业劳动。无论男女，从小就在学校接受农业教育，并到田地上实践。城市中每个公民都须在农村住两年，以种田为业。凡乐于务农的可以申请在农村多住几年。城市公民如到本城郊区观光，必须参加当地的农业劳动才能得到食物供应。这一切说明农业是很受尊敬的一种劳动。

　　他们种田，重视利用畜力，并备有各种农具。他们非常珍惜每人分到的谷物，谷物只充食用，不得造酒。造酒的原料限于果类，如葡萄或梨子。

　　关于每个城市及郊区的用粮，他们事先有正确的估计，然而他们对于生产谷物及饲养牲畜，总是从宽打算，宁可使其有余，用以接济邻近的地区，但绝不允许浪费。

四　城市规划

　　乌托邦的城市规划也颇值得注意。首先，城市人口有严格限制，不得过分集中。除郊区外，每座城市只规定六千个住户，每户的成年人，少则十名，最多十六名。如超过限额，则将多余人口移居到人口稀少的城市。如整个乌托邦人口过多，则向国外邻近地区移民，开荒垦地，从事生产。人口密度问题在乌托邦已受到一定的重视。

每座城市划为均等的四个部分，各有市场（货物总栈与食品供应站）、医院与公共食堂（乌托邦人习惯于在这种食堂集体进餐）。当然，这一切设施都是免费为所有公民服务的。

城市街道宽敞，规定为二十呎宽，便于行人，便于车辆交通。住宅区的建造都有具体的规格。每一住户可以任人自由进入，而且住房须每隔十年抽签调换，借以彻底废除私有制。乌托邦人花很大的气力绿化城市，每家后门对着花园，其中花草杂生，果树繁茂，既可观赏，又提供新鲜的水果。

五　卫生健康

乌托邦人把卫生健康当做大事来抓。每座城市有医院四个，每个占地之广宛如一个小村镇，里面设备完美，药物齐全，医生经验丰富，服务态度非常好，病人受到热情的照顾，以致乐于住院接受治疗。

乌托邦人采取措施，保证供应洁净的饮水与食物。他们注意维持公共环境卫生，以防止空气污染，防止疾病流传。

乌托邦人除每天工作六小时外，有一小时的文娱活动。他们有充足的休息与睡眠的时间。作者特别指出，乌托邦人的健康状况是好的，医药需要不多，但他们十分重视医药知识，重视有关这方面的著述。

六　学术研究

乌托邦人给学术研究及国民教育以重要的地位。

从事学术研究的人须经过严格选择，首先要有教士推荐（他们每座城市有十三名教士），并经过行政官员摄护格朗特的秘密投票。进行学术研究的人须全力以赴，因此不须参加体力劳动。然而如果他们不能胜任研究工作，那就仍然去劳动。相反，一个劳动者，如进行自修，学得很好，成绩卓著，就可以不做自己的手艺，专门去做学问。凡是出国充当外交使节的，都必须是有学问的人。对其他重要公职，包括各城市首长的职位，也是如此要求。

乌托邦人公共生活中有个特点，即每晨举行公开的学术报告会；专职研究人员必须参加，一般男女可以自由听讲。

乌托邦人很重视古代学术遗产。他们对外国过客所带来的欧洲古代的作品，不管是哲学、文学、历史、以及科学（如医学、植物学）等方面的，都认真保存，其中大都为经典名著。他们学习古希腊语很快，因此能阅读这些书。但他们不是专重书本知识，而是理论与实践并重。对于外来的技术，他们除领会其理论外，更重视亲手实验。

他们推行教育，不遗余力。任何儿童都要上学，通过学习祖国语言进行阅读，并且学农，学劳动。他们不但要求儿童与青年读书求知，还重视培养他们的品德。

至于一般的社会教育，则着重于提倡公共道德、集体义务、正当娱乐，以期养成良好的社会风气。教士在这方面，起有一定的作用，而更重要的似乎是，全体国民彼此观摩，互相激励，做到自觉地遵守纪律，维护公共利益。他们对于犯有重罪的人，也是寓教于惩，罚令做苦工，贬为奴隶，但改造得好的，可以减刑，甚至可以取消其奴隶身份。酗酒、赌博、乱搞男女关系，都在严禁之列。

以上介绍了《乌托邦》一书的若干主要内容，这些见解发表于四百六十多年前的欧洲。结合其当时的背景，读者不能不赞叹莫尔的社会政治思想的进步意义。就公有制问题来说，莫尔的看法比起他的前人来，已是跨越了很大的一步。有些评论者指出莫尔曾熟读柏拉图的《理想国》，他的公有制观点受了《理想国》的启发。即使如此，莫尔并不曾为这种启发所局限，他提出了自己的新见解。《理想国》中至少两处提到在卫士这个等级中实行妻子和子女公有，废除家庭。而在乌托邦，由亲属关系结成的家庭则是社会生产的基本单位。如果家庭不存在，整个社会就要瓦解，所以莫尔根本不主张废除家庭。在《理想国》中，卫士这个等级要竭力防止在他们的国家出现贫与富两种现象，因为贫会导致卑鄙、工艺粗糙，以及反叛，而富又会产生奢侈、懒惰以及追求奇巧的事物。莫尔却认为当财产为少数人所掠夺,大多数人就穷困到无以为生,这是社会的灾难。这种性质的贫是必须反对的,但他认为应该从贫所由产生的根源去反对,而不应从贫所引起的后果去反对。同样,莫尔反对的是少数人的富,而不是无条件地反对富。相反,全体公民过很富裕的生活,正是莫尔所企求的。富与懒惰有无必然的联系呢?莫尔认为没有必然的联系。乌托邦这个国家是很富的了,甚至黄金贱如粪土,然而人民却在辛勤地劳动,尽管由于物资充足,每天只须工作六小时。他们把业余的时间用于学习,用于正当文娱,并不游手好闲。在莫尔的理想社会中,既有劳动的任务以创造集体财富,又有学习任务以提高知识及技术水平。这些就是列宁所称许的"伟大的老空想家们提出来的"[①]思想,是难能可贵的。柏拉图不能预见到一个富裕的公有制社会,反而认为富必然带来懒。他把公有制局限于社会上的一个等级。而莫尔则要推行一个公有制的社会,一个公有制的国家。莫尔的基本论点是:财产私有为社会上万恶之源。这个论点的深刻性远不是柏拉图所能理解的。

然而莫尔毕竟是他的时代的产儿,他的观点带有极大的时代局限性。

《乌托邦》在1516年写成并出版。当时,自然科学尚未

---

① 列宁:《民粹主义空想计划的典型》,见《列宁全集》第2卷,人民出版社1959年版,第413页。——译者

从神学的束缚下解放出来，生产技术从十字军东征以来虽已发生了很大变化，但基本上还处于中世纪手工业时期。《乌托邦》作者虽能设想一个产品丰富到用之不竭、人人都可以按需分配的理想社会，但却不能想象生产力能够迅速增长。莫尔所津津乐道的，是以家庭为基本经济单位的手工业生产。乌托邦能输出的基本上只是些原料，如羊毛、亚麻、木材、染剂、生皮、黄蜡、油脂，以及蜂蜜、谷物、牲口之类。乌托邦人穿的衣服朴素简单，在其他生活方面也崇尚俭朴。总之，乌托邦大体上还保存自然经济的特点，其生产力的发展水平相当于十六世纪初英国的水平。莫尔看不出生产力对社会发展的重要性。莫尔的未来理想社会既是建筑在手工业家庭作坊上面，当然就不可能实现以丰富的物质财富为基础的公有制社会。他的那些设想恰恰是他当时的社会经济条件的反映。

乌托邦人民生活中需要解决重劳动和肮脏劳动的问题。据莫尔说，这些由奴隶去干。乌托邦的奴隶为数是不少的，起码每一农户就配有两名奴隶。因而读者不免得出这样的印象，这个理想的社会居然有不齿于一般公民的贱民。这显然不平等，和理想的社会不名实相符。莫尔可以说，奴隶当中一部分是罪犯。这个答复还是难令人满意的。可以看出，莫尔的思想中还保有奴隶社会中奴隶主思想的残余。

在莫尔生活的时代，资本主义还处于萌芽状态，资产者和无产者的矛盾开始产生。虽然莫尔对广大劳苦群众深感同情，促使他写成《乌托邦》一书，但他看不到劳苦群众有改变社会制度的力量，更不能设想无产者有朝一日作为一个阶级将是革命的主力并是一切革命力量的领导阶级。因此，莫尔没有、也不可能清楚地交代乌托邦的公有制是怎样产生的，是在什么条件下形成的。至少读者获得的印象是，在乌托邦，人们发现这个制度优越，通过实行各种规划，特别是通过实行生产劳动及产品按需分配的措施，人们就自然而然地和平地进入共产主义社会。这个已有一千七百六十年之久的国家，据说历史文献很完善，然而莫尔只字不曾提及人民和统治者有过什么样的矛盾，进行过什么样的斗争。相反，他把那个开国君主描写得很贤明，很有能力，几乎达到神化他的地步。那么，乌托邦所以能够享受幸福的生活，公有制所以能够维持而不遭到破坏，是否和历代统治者施政得宜有关呢？类似的问题从《乌托邦》一书中是找不到答复的。因而，他的乌托邦缺乏科学根据，只能是一种"空想"。

由此可见，莫尔只是一个空想社会主义者。然而众所公认，他是西欧第一个伟大的空想社会主义者。我们举出他的一些具有进步意义的见解，这些见解是他自己的。我们也指明他的主要局限性，这种局限性是属于他那个时代和他所属的阶级的。

戴镏龄
1981 年 1 月

目　录

托马斯·莫尔向彼得·贾尔斯问好的信 …………………… 1

《乌托邦》第一部 ………………………………………… 7

《乌托邦》第二部 ………………………………………… 52

　　关于城市，特别是亚马乌罗提城 ………………………… 56

　　关于官员 …………………………………………………… 59

　　关于职业 …………………………………………………… 60

　　关于社交生活 ……………………………………………… 66

　　关于乌托邦人的旅行等等 ………………………………… 71

　　关于奴隶等等 ……………………………………………… 95

　　关于战争 ………………………………………………… 103

　　关于乌托邦人的宗教 …………………………………… 113

附录一 …………………………………………………… 132

　　莫尔和伊拉斯谟的书信摘录 …………………………… 132

附录二 …………………………………………………… 147

　　《乌托邦》的历史意义 ………………………………… 147

　　莫尔小传 ………………………………………………… 165

　　《乌托邦》的版本和翻译 ……………………………… 173

关于最完美的国家制度和
　乌　托　邦
　　新岛的
　　既有益又有趣的
　　金　　书

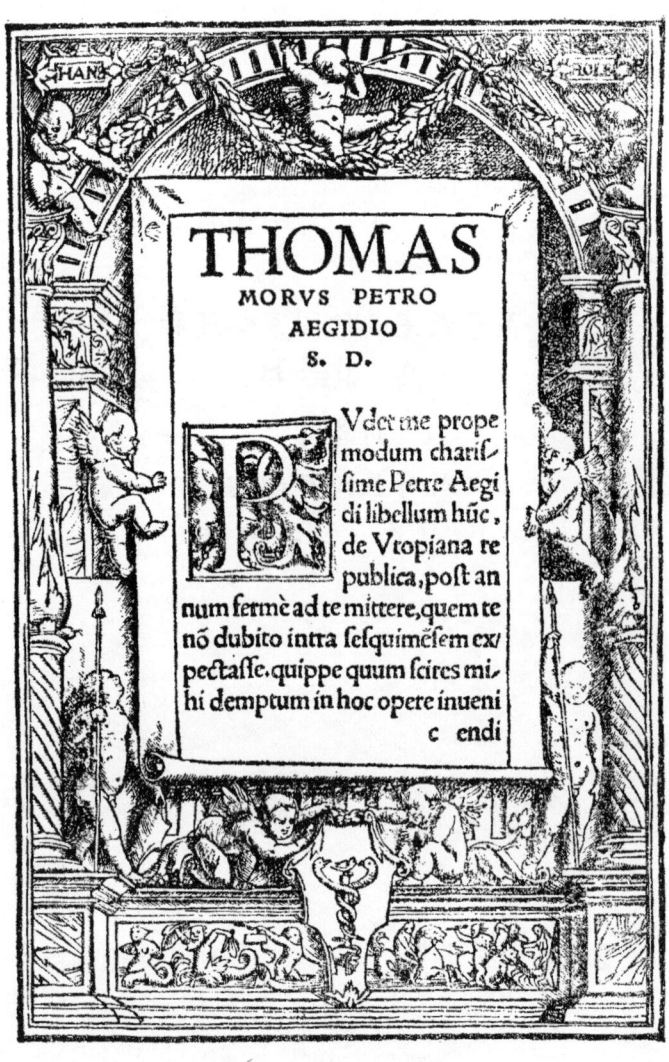

《乌托邦》1518 年巴塞尔版
有边饰的一页

托马斯·莫尔向彼得·贾尔斯① 问好的信

几乎隔了一年,亲爱的彼得·贾尔斯,我才寄给你这本关于乌托邦国的小书,为此感到颇不好意思,我相信你盼望在一个半月之内就得到此书的。当然你知道,我无须为这部作品搜集材料,也不必为材料的安排操心。我只须把在你陪同下拉斐尔②所讲的东西重述一下。因此我没有理由花气力在叙述的文体上,他的语言本是不加修饰的。首先,那是匆促间临时的谈话;其次谈话人对拉丁语不如对希腊语精通,这是你清楚的。所以我的文体越是接近他的随意朴质风味,越是接近真实,而只有真实才是在这种情况下我必须注意,也实际上是注意了的。

我承认,亲爱的彼得,既然这一切准备工作使我无须过于辛苦从事,我就没有什么剩下要做的了。不然的话,材料的收

---

① 彼得·贾尔斯(Peter Giles,1486—1533)——生于安特卫普(Antwerp),弗兰德斯(Flanders)人文主义者,编著家。——中译者

② 拉斐尔——全名应为:拉斐尔·希斯拉德(Raphael Hythloday),因此在本书中亦简称希斯拉德。《乌托邦》中人名及地名多杜撰,此处除拉斐尔系借用教名外,希斯拉德是用希腊语构成,大意可能为"空谈的见闻家"。——中译者

集和整理都会要求一个不平凡的、有学问的天才家去付出大量的时间和辛勤劳动。如果材料要写得又准确又雄辩，我不可能用任何时间和辛勤劳动来完成这件任务。然而，事实上，我要为之大量流汗的辛苦事取消了。既然我所唯一要做的是写出我所听到的东西，那就没有什么困难。

可是要完成这件微不足道的任务，由于我有些其他的任务，我几乎挤不出时间。我经常忙于法律任务，或是辩护，或是审理，或是作为公断人进行裁决，或是以法官身份作出判断。我对甲作礼节性的拜访，又找乙处理事务。我差不多整天时间都在外为别人的事牺牲了，剩下的时间用于我一家人。至于为我自己，即是说，搞学问，就一点时间没有了。

当我回到家中，我必须和妻子谈话，和孩子聊天，和管家交换意见。这一切我都看成是事务，因为非办不可——如果你不想在自己家中做一个生客，就非办不可。再则，不管是由于天然的赐予，或是来自偶尔的姻缘，或是出于自己的选择，他们是和你一辈子相处的，你对他们务必采取极愉快的态度，只要你不溺爱，也不把管家纵容到变成主人一般。

整日整月乃至整年便在以上所说的这些活动中消失了。那么，什么时候才找到空闲来写东西呢？我还未一字提到睡眠，甚至未一字提到吃饭。对许多人说，吃饭所花时间不下于睡眠，而睡眠差不多消耗一个人的半生！因此，我所获得的仅有时间是从睡眠和吃饭偷来的。因此，我慢慢地（由于这笔时间是不多的）但终于（由于这笔时间还是有些顶用）完成了《乌托邦》并把它寄给你，亲爱的彼得，请你过目并提醒我有什么遗漏的地方。

在这方面我并非完全不信任自己。我但愿我会有足够的智力和学问，如同我有不是太坏的记忆力一样。然而我不敢自信什么也没有忘记。如你所知道的，我们聊时，我的孩子约翰·克莱门特①，也跟我们在一起。凡是多少有益的谈话，我都要他在场，因为这棵幼树已发出希腊拉丁文学的青条，我盼望某一天有丰富的果实。关于乌托邦有一个细节，他使得我感到不能确定。

据我的回忆，希斯拉德断言架在亚马乌罗提城②阿尼德罗③河上的桥共有五百步长。可是我的约翰说，应该减去两百，因为这条河不超过三百步宽。请你把这个问题回想一下。如你同意他的说法，我就采取一样的看法，自己认错。如你记不起，我就照自己所似乎记得的写，如同我实际上已写的一样。正由于我要避免在这本书中有任何错误，因此，如有任何一点难以肯定，我宁可照假直说，不必有意造假。因为我但愿做老

---

① 约翰·克莱门特（John Clement）——从莫尔问学，并与其养女结婚，精通希腊语，后业医。——中译者

② 亚马乌罗提（Amaurote）——用希腊语成分杜撰，意指"晦暗的"或"不清楚的"城，依稀模糊，不必确有这样的城，亦可能同时影射多雾的伦敦城。——中译者

③ 阿尼德罗（Anyder）——用希腊语成分杜撰，意指"无水的"。"无水的"河即不存在的河。——中译者

实人，不愿装聪明人。

　　但是，上述缺点你不难补救，假使你口头或书面问一问拉斐尔本人。另有一个疑问，你也必须请教他，那不知是我、是你、还是拉斐尔三人谁的过错更大所引起的一个疑问。我们忘记问，他又未交代，乌托邦是位置于新世界哪一部分。我很遗憾，这点被忽略了。哪怕为了获得这方面的资料要花一大笔钱，我也愿意。这是因为我感到惭愧，我竟不知道我所畅谈的这座岛在哪一个海里，而且我们中间有几位，尤其是一位虔诚的职业神学家，渴望访问乌托邦。他并非出于无聊或好奇想到新地方观光，而是有意促进在那儿已幸运地开始的我们的宗教。

　　为了按照适当的方式进行他的计划，他已决定设法由教皇委派他去，并且获得乌托邦主教的名义。至于必须向教廷提出申请，这个顾虑对他不是阻碍力量。他认为这个申请是圣洁的，不出于为名为利的动机，而是虔诚所驱使。

　　因此，亲爱的彼得，请你和希斯拉德取得联系，方便的话当面一谈，如他已经离开就给他写信，务使我这部作品不曾写进不真实的东西，也未遗漏掉任何真实的东西。我倾向于这样想，能把原书交他一看就更好了。没有别人更比他适宜于改正一切可能有的错误了。然而只有当他通读全书后，他才可以作出改正。此外，通过这个办法，你会发现他对我写这部东西是感到高兴还是不高兴。万一他本人要写自己的游历经过，他未必愿意我来代笔。在宣传乌托邦国家这点上，我当然不愿意比他抢先着笔，以致夺去他的叙述的新鲜花朵和光彩。

可是，说老实话，我还未决定是否将本书发表。人们的好尚是如此不同，有些人爱闹别扭，无情无义，偏执任性，所以那些高兴快乐地尽量随心所欲去生活的人似乎远优于另一些人，他们苦思焦虑，要发表读者能受益或欣赏的作品，读者却对之加以蔑视，或并不表示感谢。

多数人对学问一窍不通，不少人瞧不起学问。无文化的人对绝不是无文化的任何东西总认为不合胃口，把它排斥。一知半解之徒把不是堆砌陈词废语的一切看成平凡无奇。有些人只赞赏老古董；无数的人敝帚自珍。张三忧郁成性，听不得笑话；李四又缺乏风趣，拿诙谐当禁条。还有些人头脑迟钝，一听见讽刺话就怕，像被疯狗咬过的人怕水一般。又有些人感情易变，可以坐下来表扬这件事，站起来表扬那件事。

这些人在酒店中一杯在手，评论作家的才华。他们任意以权威自居，把每个作家的著作拿来谴责一番，攻击得体无完肤。他们自己却很安全，如俗话所说，遭不到射击。他们光滑玲珑，身上没有一根好人的毫毛能让你捋住。

再则，另外一些人如此不知感恩，因此，他们虽然很爱一部作品，却对作者不怀一点好感。他们就像失礼的来客，受到丰富筵席的款待以后，离开时酒醉饭饱，对邀请他的主人竟不道谢一声。现在就去自己花钱办酒席招待这些人吧，他们如此讲究味道，如此嗜好不一，如此善忘和不怀感谢之忧！

不管怎样，亲爱的彼得，你要和希斯拉德进行我所说的事。日后关于这个问题，我还将充分自由采纳新的意见。然而，我已花气力写完本书，现在聪明起来总是太迟啦。因此，只要希斯拉德同意，今后在出版方面我要听从朋友们的建议，首先要听从您的建议。再见吧，非常可爱的好友；向贤良的嫂夫人致意。对我的友爱始终如一吧，我比以前更加爱你啦。

《乌托邦》第一部

杰出人物拉斐尔·希斯拉德关于某一个国家理想盛世的谈话，由英国名城伦敦的公民和行政司法长官、知名人士托马斯·莫尔转述

战无不胜的英王亨利八世①以具有模范君主的一切才德而著名。他近来和尊贵的卡斯提尔国王查理②殿下在某些重大问题上发生争议。为了就争论进行商议并取得和解，英王派我出使到弗兰德斯③去，伴随着独一无二的卡思伯特·滕斯托

---

① 英王亨利八世（Henry VIII，1509—1547年在位）——当时英国和西班牙在海外贸易上发生重大矛盾。在荷兰逐渐受到西班牙统治势力支配后，英国禁止向荷兰输出羊毛。因此莫尔应邀出使调解争端。——中译者

② 卡斯提尔国王查理——即查理五世（Charles V），1516—1556年为西班牙国王，1519—1556年为神圣罗马帝国皇帝。卡斯提尔为英语Castile译名；西班牙语Castilla，汉译作卡斯蒂利亚。卡斯提尔位于西班牙境内，自十世纪起是一个独立王国，十五世纪后叶与阿拉贡王国联合成西班牙。查理五世原为卡斯提尔国王，故这里如此称呼他。——中译者

③ 弗兰德斯——中世纪西欧的伯爵领地，区域跨今法、比、荷三国，当时为欧洲织布业中心，需用大量英国输出的羊毛。——中译者

尔①，他最近被英王任命为案卷法官，大家都为此感到高兴。我不打算说什么恭维他的话。这并非担心一个朋友的见证不易取信于人，而是由于他的正直及学问远过于我所能赞扬，而且是众所周知的，无须我的赞扬。除非我要给人们以这样的印象，如同俗语所说的，打着灯笼照太阳！

按照事先的安排，卡斯提尔国王委派的处理这个专案的人员（都是非凡的人才）在布鲁日②接待了我们，组长为布鲁日市长，一个庄严的人物，但他们左右一切的中心发言人却是坦西斯③，加塞尔城④的教会长，口才具有素养，又得力于禀赋，而且精通法律，是外交谈判能手，在这方面有天才，又有多年经验。经过一两次会议，我们在若干点上还未能取得一致看法。因此他们就向我们告别几天，到布鲁塞尔⑤听取他们的国王的正式意见。

这时，我因事前往安特卫普⑥。我停留在该城期间，有一个

---

① 卡思伯特·滕斯托尔（Cuthbert Tunstall，1474—1559）——英国官员，莫尔的朋友。——中译者

② 布鲁日（Bruges）——当时是羊毛纺织业中心，在今比利时弗兰德斯省。——中译者

③ 坦西斯（George Temsice）——布鲁日城人，写过一本地方史，此外无考。——中译者

④ 加塞尔（Cassel）——今法国西北部的城镇。——中译者

⑤ 布鲁塞尔（Brussels）——当时为"低地国家"首都，今比利时首都。——中译者

⑥ 安特卫普——当时属弗兰德斯，今为比利时重要商港。——中译者

彼得·贾尔斯，是来访众客之一，又是所有他们这些人中最受欢迎的一个来客。他当地出生，是一个有地位的荣誉人物，然而却应该享有最崇高的地位，因为他年轻而学问和品格两方面都很出色。他极有德行及教养，对所有的人都很殷勤，而对朋友则胸怀坦率，亲爱忠诚，因此，在任何地方都找不到一个人或两个人，能像他那样从各方面来看都称得起是完美的朋友。他异乎寻常地谦逊，比谁都更丝毫不矫揉造作，比任何人都更天真单纯而又不失为明智慎重。此外，他的谈吐文雅，饶有风趣而不使听者感到不满。所以，我既和他快乐相处，进行愉快的交谈，我对乡土的怀念就大为消失，不像以前那样意识到和家人的别离，和妻儿的分手，我离开他们已经四个多月，我曾是多么急于回到他们身边呀。

有一天，我在圣母院做礼拜，这是全城最美最拥挤的一座教堂。我做完礼拜，打算回到住所，这时碰巧看见彼得和一个外地人谈话，那是一个上了年纪的老头儿，面孔晒得黝黑，胡须颇长，一件斗篷不介意地披在他的肩上。从他的外貌和衣着，我看出他像是一个船长。

彼得一见到我，就走来和我打招呼。我正待回礼，他把我拉到一旁，指着刚才和他交谈的那人，问我说：

"你看见那人么？我正要把他马上带到你那儿去。"

"非常欢迎，"我说，"为了你的缘故。"

"不，"他说，"为了他的缘故，如果你认识他的话。除他外，当今没有第二个人能对陌生的人民和国家作出这样的报道,我了解这是你急切想听的题材。"

"啊,那么,"我说,"我猜得不错。我一看到他,就断定他是海船的船长。"

"可你完全错啦,"他说,"因为他的航行不像巴利纽拉斯①那样,而是像奥德修斯②,或不如说像柏拉图③吧。这位拉斐尔——这是他的名字,他姓希斯拉德——不但精通拉丁文,而且深晓希腊文。他对希腊文下的功夫比对拉丁文还要深些,因为他竭尽精力去搞哲学,他觉得关于哲学这门学问,拉丁文中除了辛尼加④和西塞罗⑤的一些论文外,缺乏有价值的东西。他把祖先遗产留给家中兄弟们之后,由于急想看看这个世界(他是葡萄牙人),就加入亚美利哥·韦斯浦契⑥一行,作为他四次出航中后三次的游伴,始终跟随着韦斯浦契。这四次出航,人人都已阅读到了。可是最后一次,他不曾同韦斯浦契一

---

① 巴利纽拉斯(Palinurus)——古罗马诗人维吉尔(Virgil,公元前70—前19)所著史诗《伊尼特》(Aeneid)主人公伊尼斯的船上的舵手,曾堕海失事,此处殆借喻为不高明的航海员。——中译者

② 奥德修斯(Odysseus)——古希腊诗人荷马(Homer)所著史诗《奥德赛》(Odyssey)的主人公,著名航海冒险家。——中译者

③ 柏拉图(Plato,公元前约428—前约348)——古希腊哲学家,相传为了追求知识,曾在国外广泛旅行。——中译者

④ 辛尼加(Seneca,公元前约4—65)——古罗马哲学家。——中译者

⑤ 西塞罗(Cicero,公元前106—前43)——古罗马政治家,希腊哲学的普及者。——中译者

⑥ 亚美利哥·韦斯浦契(Amerigo Vespucci,1454—1512)——意大利航海家,美洲(亚美利加)从他得名。——中译者

同回来。他请求甚至要挟韦斯浦契同意让自己成为留在第四次航程终点的要塞上二十四人中之一。因此他就留下,可以随自己的意办事:他更热衷于浪游,宁可生死付之度外。他有老不离口的两句俗话:'死后没棺材,青天做遮盖',以及'上天堂的路到处远近一样。'要不是老天保佑,他这种态度是会叫他大吃苦头的。可是,自从韦斯浦契离去后,他便和要塞上的五个同伴航游了许多国家。一个意外的机会把他带到锡兰①,又转到卡利卡特②,在该处他碰到几条葡萄牙船,最后很出乎意料地又回到本国。"

彼得说完后,我感谢他的好意,他花费了很大的气力,无非要我和那人接谈,希望那人的谈话能使我高兴。我就转向拉斐尔,互相致敬,说了生人初见面时惯用的一番客套话,然后我们一同来到我的住所,坐在花园中草苔丛生的长凳上,我们开始交谈起来。

拉斐尔描述说,自从韦斯浦契离去后,他和留在要塞上的伙伴们,由于不断和当地人见面,对他们客气,渐渐获得他们的好感,直到既不觉得从他们那儿会带来危险,而且实际上彼此间产生了友谊,此外,还得到一位领袖的赏识和好感(这位领袖何名,属于何国,我都记不起了)。由于这位领袖慷慨好

---

① 锡兰——今作斯里兰卡。——中译者
② 卡利卡特(Calicut)——印度海港。葡萄牙航海家伽马(Vasco da Gama,约1460—1524)绕好望角东航,曾于1498年到达此港。——中译者

施，他和其余五个同伴得到充分的供应品以及旅费，并沿途配给了一个可靠的向导，部分是水路乘筏，部分是陆路乘车，被引到别的领袖那儿去，带有非常殷切的介绍信，请求予以照拂。拉斐尔说，他们游历多日，到过各种城镇都市以及熙熙攘攘、制度优越的国家。

他说，诚然，在赤道的下方以及这条线两旁几乎远至太阳运行所达到的地方，有热气不断熏灼的沙漠。到处无非一片阴森可怖，草木不生，令人厌恶，栖息着野兽毒蛇，或者和兽类一样野蛮有害的人。可是，稍微更向前进，风物就逐渐较为宜人，气候不那么酷热，地面上长满可爱的青草，兽类的性格也较为温顺些。最后，他们逢到人和城镇。在这些城镇之间以及附近，并且和辽远的国家，都经常有水陆贸易。

拉斐尔说，当时他们有访问周围许多国家的机会，因为凡是准备开出的任何航线上的船，都欢迎他和他的同伴搭乘。他们在最初旅行的地方所看到的船都是平底，航行时用一种纸草或柳枝编成的帆，也有时用皮革制成的帆。往后，他们又遇见有尖龙骨和帆布篷的船，实际上全和我们的船一样了。

他们的水手善于使自己和海洋及气候相适应。但是据拉斐尔说，由于他指点他们怎样使用指南针，他就获得了他们异常的好感。他们以前关于这个东西是完全无知的，因此对于信从海洋摆布，不免犹豫不决，而只有在夏季，才这样做过。现在，他们依靠指南针，在冬季也不觉得可怕，这就过于自信，反而招致危险。这样，本来认为会给他们很大好处的东西，由

花园中交谈情景
图中人物自左至右：约翰·克莱门特、拉斐尔·希斯拉德、托马斯·莫尔、彼得·贾尔斯
（摘自1518年巴塞尔版）

于轻率,倒有给他们带来极大危害之虞。

拉斐尔谈及的他到过的每一个地方,说来话长,也不符合本书的意图。我们也许会在另一个场合讲述他所说的故事,尤其是任何对读者会有益的东西,首先是在那些文明共处的人民中的明智慎重的法律条文,这是他所注意到的。因为,关于这样的题材,我们热切地向他提问,他也同样乐意谈论。可是,陈腐的海客奇谈,我们不爱打听。西拉①和贪馋的塞利诺②,吃人的雷斯特利哥尼人③,以及类似的可怕怪物,这些是极其常见的。可是,治理有方的公民倒不是随处可以遇见的。

的确,拉斐尔既提请注意这些新发现的国家有许多不合理的风俗,也详细举出若干点,我们的城市、王国以及不同民族和人种都可以借鉴,用于改正自己的错误。我已经说过,这些事例我必须留待另一个场合去叙述。现在我只想讲一讲他所说的关于乌托邦人的生活方式和风俗,然而首先得讲一讲引起他提到这个国家的谈话。

拉斐尔很明智地论及我们这半球的缺点,以及那半球的缺点,他发现两方面都是缺点不少。他也对我们中间和他们中间

---

① 西拉(Scylla)——古代希腊传说中的怪物,岩礁的化身,为害海中船只。——中译者

② 塞利诺(Celaeno)——古希腊传说中鸟身女面的三妖之一,飓风的化身,有利爪,能将人攫走。——中译者

③ 雷斯特利哥尼人(Laestrygones)——古希腊传说中海岛上毁坏航船以吃人为生的巨怪,见史诗《奥德赛》第10卷。——中译者

的明智措施作出了比较。他对每一国家的风俗习惯回忆起来，如同在他仅一度到过的地方曾经住了一辈子。彼得用如下的话对这个人表示了他的惊叹：

"啊唷，亲爱的拉斐尔，我不明白你何以不去依附一个国王呢。我相信没有一个国王不欢迎你，因为你的学问，你对各种风土人情的通晓，既给他以喜悦的心情，又可以向他提供榜样，发出对他有所帮助的忠告。这样，不但对你自己极其有利，而且对于你的全部亲友也很能使他们得到提拔。"

"提起我的亲友，"他回答说，"我不十分为他们操心，因为我想我对他们已很好地尽了应有的义务。别人对财产不到年老多病不肯放弃，而且即使那时也是十分勉强地放弃，尽管要保留已无能为力。当我还不是壮年，实际上在年轻时，我就把财产分给亲友。我想我的亲友对我的慷慨应感到满足，而不额外地要求或期望我为了他们的缘故去臣奉国王。"

"说得妙！"彼得宣称，"我的意思是要你侍奉国王，并非臣奉国王。"

"臣奉和侍奉不过一个音节之差，"他说。

"不过我确信，"彼得接着说，"不管你怎样称呼这样的生活，它不失为一种手段，能对别人有好处，不管是对私人，还是全国所有的公民，并且你自己也可以更加发迹。"

"我必须，"拉斐尔说，"用我内心所厌恶的办法以便更加发迹吗？事实上，我现在自由自在地生活着，相信朝廷贵臣很少能像我这样的。而且，巴结权贵的人为数很多，你不要以为权贵身旁没有我或是一两个像我这样的人,就造成很大的损失。"

"嘿,"我于是说,"很明显,亲爱的拉斐尔,你是不羡慕金钱和权势的人。毫无疑问,我尊敬具有你这样胸襟的人,如同我尊敬非常有地位的大人物一样。可是我觉得,如果你在自己生活中把聪明勤奋用于为公众谋福利,即使这会使你个人吃亏,然而那才和你相称,和你的宽宏而真正富于哲理的气概相称。要很有成效地做到这一点,你就必须当一个伟大国王的谋臣,劝他采取(我深信你能使他采取)诚实荣誉的行动方针。从国王那儿,正如同从永不枯竭的泉源那儿,涌出的是所有能造福或为害全国的一条水。纵然你的事务经验不丰富,你有渊博的学问;或者即使你没有学问,你的事务经验是丰富的——因此你在任何国王的议事会上都是一个能臣。"

"亲爱的莫尔,"他说,"你有两方面的错误。第一,就我而言;第二,就事情本身而言。我并不如你所说的那么有才能。即使我那么有才能,在打乱我的安静生活的同时,我并无从为公众谋福利。首先,几乎一切国王都乐于追求武功,我不懂武,也不愿意懂武。他们宁可不从事光荣的和平活动。他们更关心的,是想方设法夺取新的王国,而不是治理好已获得的王国。

"其次,朝廷大臣都的确人人聪明,无须别人进言代谋;或是自以为聪明,不屑于倾听别人的意见。可是,他们对国王的头等宠臣的谬论,却随声附和,想列名门下,通过献媚得到青眼相看。本来，认为自己的见解最高明，是人情之常，如同乌鸦和猴子对自己的仔总是十分钟爱。

"在这些妒忌别人的创见而重视自己的创见的人当中，如有人提出他所阅读到的异时异地的事，听者就显得似乎在才智方面所负的盛名有全部破产之虞，似乎此后将只会被看成是傻瓜，除非他们对别人的创见能够吹毛求疵。当一切企图都告失败的时候，他们便发表这样的议论作为最后的对策：'这样的事是我们的祖先所喜欢的，但求我们有我们的祖先那样明智。'然后，他们觉得这一妙论似乎结束了全部问题，就在自己位置上坐下——当然意思是说，如果在任何一点上显得比我们的祖先更明智，那会是危险的。然而，不管我们的祖先有什么好的见解，我们总是漠然不顾。可是，如果在任何情况下，我们的祖先的行动方向不那么明智，这个缺点就成为我们抓住的把柄，不肯放过。这种傲慢、荒谬而顽固的偏见，我曾在别的国家屡见不鲜，有一次也在英国见过。"

"什么，"我说，"你到过我的国家？"

"是呀，"他回答说，"我在那儿住过几个月，在英国西部人民起义反抗英王惨遭失败①后不久；起义受到镇压，杀戮很重。那时，我很感谢尊敬的约翰·莫顿②红衣主教，坎特伯雷

---

① 指居住在康瓦尔（Cornwall）地区的人民于1497年起兵抗税，后被英王亨利七世（Henry VII，1485—1509年在位）镇压。——中译者

② 约翰·莫顿（John Morton，1420—1500）——曾任红衣主教及英王亨利七世的首相。莫尔青年时当过莫顿家的侍从。——中译者

大主教，又是当日英国大法官。亲爱的彼得（我是专对你说的，莫尔深知大主教，不须向我了解），这位大主教是值得尊敬的，因为他深谋远虑，德高而又望重。他是中等身材，丝毫不显得年老。他的仪容令人觉得可敬而不必生畏。他的谈吐沉着庄严，但听起来愉快舒适。对于谒见有所请求的人，他爱用粗率语言相待，加以考验，但是完全出于一片好意，要观察一下对方的胆识和镇静自若的程度。坦然无惧的态度是他所赏识的，只要不流于冒失；因为这近似他的性情，而且对于奉公职的人是相宜的，从而他才加以赞美。他的谈吐精练犀利，法律知识精深。他的能力非常强，记忆非常好。学问和阅历使他的不凡天赋更善更美。

"英王十分听信他的意见。我在英国时，他似乎是国家所倚仗的栋梁。不出一般人所预料，他几乎在很年轻时就从学校进入宫廷，一生处理重大政务，经过种种的世运浮沉，从而在许多惊风骇浪中获得了一个政治家的远见，这样从亲身经历中来的远见是不容易忘的。

"某日，我正和他共餐，有一个精通英国法律的未奉圣职的俗人在座。这个人不知怎的找到一个机会咬文嚼字地谈起英国当日对盗窃犯执法的严峻。他们到处被执行死刑。据他说，送上绞刑台的有时一次达二十人之多。他又说，他感到更加惊奇的是，尽管漏网的人极少，为何不幸全国仍然盗窃犯横行呢？当时我不揣冒昧，在红衣主教席上毫不隐讳地发表了我的意见，我说：

"'你无须惊奇,因为这样处罚盗窃犯是越法的,对社会不利。对于盗窃,这是过于严厉的处分,但又不能制止盗窃。仅仅盗窃不是应处以死刑的重罪,而除盗窃外走投无路的人,随你想出什么惩治的办法,也还是要从事盗窃。在这点上,你们英国和世界上大多数地方一样,很类似误人子弟的教书匠,他们宁可鞭挞学生,而不去教育学生。你们对一个盗窃犯颁布了可怕的严刑,其实更好的办法是,给以谋生之道,使任何人不至于冒始而盗窃继而被处死的危险。'

"'对这种情况,'这人说,'我们已采取了充分的措施。我们有手艺。我们有农活。只要一个人不甘心为非作歹,他就可以做这些工作谋生。'

"'不,'我反驳说,'你不会这样轻易摆脱得了。我们且不提在对外和对内战争中变成残废回到家园的人,例如最近英国人和康瓦尔人①作战以及不久前对法国作战,都有这种情况。这些英国人为他们的国和王效劳,竟弄得四肢不全。他们由于残废而无从干自己的行当,由于年纪不小又不能学新行当。我们且不考虑这些人,因为战争总是偶尔才有。我们不妨思考一下每天都有的情况。

"'首先,有大批贵族,这些人像雄蜂一样,一事不做,靠别人的劳动养活自己,例如,靠在自己田庄上做活的佃农,尽力剥削这些佃农,以增加收入,(他们唯独在这点上锱铢必较,

---

① 康瓦尔人(Cornishmen),见本书第17页注①。——中译者

否则他们总是挥金如土，把自己搞穷搞光！）而且带着大批从未学过任何糊口技艺的游手好闲的随从。只要主人一死，或者他们自己生病，这批人便立刻被赶出去。主人宁养闲客，不养病号。后嗣也往往无力像先人一样维持偌大的门户，至少一开始无力这样做。

"'同时，这些人如不尽可能从事盗窃，就只有尽可能挨饿。的确，他们能怎样办？流浪的生活逐渐使他们的衣服破烂不堪，并且身体衰弱不堪，既然如此贫病交迫，任何绅士都不屑于去雇用他们，农民也对他们望而生畏。农民深知，一个人习惯于舒适懒散，挂刀持盾，对周围的人自吹自夸，摆出神气十足的样子，他就不会为了些微的报酬和粗淡的饭食，去拿起铁锹和锄头，老老实实地替贫苦老百姓干活。'

"'可是这种人，'那个精通法律的家伙反驳说，'正是我们要尽力加以赞助的。一旦我们需要作战，我们军队的支柱正是要这种人来当，他们比做工的和种田的有更大的气魄。'

"'当然啦，'我说，'你倒不如说，为了作战，我们就必须鼓励盗窃犯。只要你养这类的人，你绝不能使盗窃犯绝迹。而且，盗窃犯当兵，并非是最不活跃的；当兵的干盗窃，也并非是最缺少劲头的。两者竟是如此巧妙地互通。可是，这个毛病在你们的国家虽然很猖獗，倒不是你们所独有，而是几乎一切国家所共有的。

"'法国患有另一种更严重的灾难。即使在和平时期（假如你可以称它为和平时期），法国到处挤满了雇佣兵，因为法国人和英国人想法一样,认为养一批懒散的随从是好事。这些自作聪明的人的想法是:若要社会安全,必须随时备有一支坚强可靠的守卫部队,主要由老兵组成,因为他们不信任新兵。这种看法使他们不得不经常寻找战争的口实,专供士兵获得临阵的经验,盲目杀人,唯恐,如同塞拉斯特①所作的妙论,"无论是心或手,不用就不灵。"然而,法国吃了大亏才认识到,豢养这般野蛮畜生是多么危险,这点也从罗马、迦太基、叙利亚②和别的许多国家的事例得到证明。后面这些国家的常备军,不但毁灭了他们国家的最高权力,而且连土地城市也毁灭了。

"'这种军队之无须乎维持,从这点可清楚地得到证明:即使从小就在行伍中认真训练的法国士兵,也不敢夸口如果和你们征来的新兵作战,可以经常得胜。这点我无须多谈,以免好像露骨地奉承你们。无论如何,你们城市中长大的手艺人或是种田的乡下佬,除掉体格不够健壮与勇猛者外,除掉因家中吃用不够而志气受磨折者外,据信是全不害怕那些伺候绅士的懒散随从的。因此,这些随从,一度身强力壮(因为绅士所要特意腐蚀的恰巧是经过精选的汉子),现在却由于懒散而趋于衰弱,由于干的缺乏男子气概的活而变成软绵绵的。如果一旦通过锻炼,做老实的工去养自己,干结结实实的粗活,倒无须担

---

① 塞拉斯特(Sallust,公元前86—前约34)——古罗马历史学家,引言见其所著《卡特林的阴谋政变》第16章。——中译者

② 罗马及迦太基用雇佣兵作战,在古代西方史中是较突出的。此处所说叙利亚,当系指公元前塞琉古(Seleucus)王国。——中译者

心挺不起腰杆做丈夫!

"'不管怎样,为了应付紧急战争,养一大批这类扰乱治安的人,在我看来,不利于为社会造福。你们不要战争,就绝不会有战争,而你们所更应该重视的是和平,不是战争。但这并不是使盗窃成为不可避免的唯一情况。还有另一种我认为是英国人的特殊情况。'

"'那是什么情况?'红衣主教问。

"'你们的羊,'我回答说,'一向是那么驯服,那么容易喂饱,据说现在变得很贪婪、很凶蛮,以至于吃人,并把你们的田地,家园和城市蹂躏成废墟。全国各处,凡出产最精致贵重的羊毛的,无不有贵族豪绅,以及天知道什么圣人之流的一些主教,觉得祖传地产上惯例的岁租年金不能满足他们了。他们过着闲适奢侈的生活,对国家丝毫无补,觉得不够,还横下一条心要对它造成严重的危害。他们使所有的地耕种不成,把每寸土都围起来做牧场,房屋和城镇给毁掉了,只留下教堂当做羊栏。并且,好像他们浪费于鸟兽园囿上的英国土地还不够多,这般家伙还把用于居住和耕种的每块地都弄成一片荒芜。

"'因此①,佃农从地上被撵走,为的是一种确是为害本国的贪食无餍者,可以用一条栏栅把成千上万亩地圈上。有些佃农则是在欺诈和暴力手段之下被剥夺了自己的所有,或是受尽

---

① 此处马克思曾引用,参见《资本论》第1卷,人民出版社1975年版,第804页注221 a。——中译者

冤屈损害而不得不卖掉本人的一切。这些不幸的人在各种逼迫之下非离开家园不可——男人、女人、丈夫、妻子、孤儿、寡妇、携带儿童的父母,以及生活资料少而人口众多的全家,因为种田是需要许多人手的。嗨,他们离开啦,离开他们所熟悉的唯一家乡,却找不到安身的去处。他们的全部家当,如等到买主,本来值钱无多,既然他们被迫出走,于是就半文一钱地将其脱手。

"'他们在流浪中花完这半文一钱之后,除去从事盗窃以致受绞刑外(这是罪有应得,你会说),或是除去沿途讨饭为生外,还有什么别的办法?何况即使讨饭为生,他们也是被当做到处浪荡不务正业的游民抓进监狱,而其实他们非常想就业,却找不到雇主。他们是对种田素有专长的,可是找不到种田的活,由于已无供耕种的田。一度需要多人耕作才产粮食的地,用于放牧,只要一个牧人就够。

"'这种情况使许多地区粮价剧增。而生羊毛的价格又如此高涨,一向织毛呢的英国穷人买不起它,于是大批赋闲。因为,牧场既然扩大了,曾有许多头羊死于一场瘟疫,好像老天在羊身上降瘟,作为对贪婪的惩罚,其实在羊的主人的头上降瘟才更公道些。可是,不管羊的繁殖量多么地提高,羊的价格丝毫未跌,因为,售户不止一人,固然未便指为垄断,但出售方式无疑地是寡头操纵,所有的羊落到极少数人手中,这些是少数富有的人,他们不想卖,就不必卖,而他们得不到要求的价格,就不想卖。

"'到了这时刻,其他全部牲畜也由于这个理由而同样涨价,而且变本加厉,其原因是,农庄遭到破坏,农业趋于萧条,无人从事饲养牲畜。富人不像自己养小羊那样养小牛。他们从国外用廉价买进瘦弱的小牛,在牧场上喂肥后,用高价卖出。照我看来,这种方式的全部危害还不曾被人感觉到。直到现在,这些商贩在把牲畜脱手的地方才大抬价格,可是,一旦他们在产地采购频繁,超过该地饲养的速度,那么,来源市场既然供应逐渐减少,结果一定远远供不应求。

"'这样,由于少数人贪得无厌,对你们这个岛国本来认为是带来极大幸运的东西,现在是遭到毁灭了。粮食腾贵的结果,家家尽量减少雇佣。请问,这些被解雇的人,不去乞讨,或不去抢劫(有胆子的人更容易走的一条路),还有什么办法呢?

"'而且,一面穷困不堪,而另一面又是奢侈无度。不但贵族的仆从,还有手工人,甚至几乎农民本身,实际上各种人一无例外,都是讲究穿着,纵情吃喝。诸如赌厅妓院,以及声名狼藉不下于妓院的场所(像那些酒楼餐馆),还有不正当的游戏,什么骰子、纸牌、双陆、玩球、掷铁圈等,这一切不是能使嗜好者很快把钱花光、走上抢劫之途吗?

"'戒绝这些害人的东西吧。用法律规定,凡破坏农庄和乡村者须亲自加以恢复,或将其转交给愿意加以恢复并乐于从事建设的人。对富有者囤积居奇的权利以及利用这项权利垄断市场,须严加控制。少养活些好吃懒做的人。振兴农业。恢复织布，让它成为光荣的职业，安插一大批有用的但闲着的人手，他们或是迄今被贫穷驱为盗窃犯，或是目前非流浪即帮闲，终究都会沦为盗窃犯。毫无疑问，除非你们医治这些弊病，光是夸口你们如何执法惩办盗窃犯，那是无用的。这样的执法，表面好看，实则不公正，不收效。你们让青年人受不良的熏染，甚至从小就一天天堕落下去，待到他们成长后，犯下他们儿童时代起早就总是显得要犯的罪恶，这时，当然啦，予以处分。你们始而纵民为盗，继而充当办盗的人，你们干的事不正是这样吗？'

"我在发这个长议论时，那律师就忙于准备答复，并决定采用辩论家的惯常方式，即把已说过的话努力重述，而不是给以答复，表示自己的记忆力很不坏。

"'当然，'他发言说，'你谈得很好，考虑到你仅是一个外国人，对这一类的事是耳食多于真知——这点我要简单地说清楚。我且先把你所说的依次举出，然后指明，由于你对我们的情况一无所知，你在哪些方面弄错了。最后，我要驳倒你的全部论点。好，从我答应的第一点开始，在四点上我认为你——'

"'且住，'红衣主教打断说，'你这样开始，怕不是三言两语能答复得完的。因此你现在不必辛辛苦苦作答复，你作答复的权利可以完整地保留到下次见面，即是在明天，我打算这样安排，假如你和拉斐尔都方便的话。

"'亲爱的拉斐尔，我希望你告诉我，何以你认为对盗窃罪不应处以极刑，你觉得怎样用刑才对社会更有好处呢？我深信，即使你，也不会觉得必须任其逍遥法外。甚至照现在的样子，规定了死刑，依然盗窃成风。一旦盗窃犯知道绝不会被处死刑，还有什么力量、什么畏惧，能制止罪犯。他们会把这样的减刑诲盗看成是对他们的奖励。'

"'当然，'我说，'尊敬的红衣主教阁下，一个人使别人丧财就得自己丧命，这是很不公道的。我认为，幸运能给我们的全部财富全都比不上人的性命的宝贵。假如人们说，对这样的罪所以如此用刑，是由于其犯法违禁，而不是由于金钱被盗，那么，大可以把这样的极端的执法描绘成为极端不合法。因为我们既不赞成曼利阿斯①的法律准则，对于轻微的犯法就要立即拔刀用刑，也反对斯多葛派②的条令，把一切罪等量齐观，杀人和抢钱竟被看成毫无区别，其实，如果公道还有任何意义的话，这两件案例既不相同，也不相关。

"'上帝命令："你不准杀人，"我们可以把一小笔钱的偷窃犯轻易处死吗？如果说，上帝命令我们戒杀并不意味着按照人类法律认为可杀时，也必须不杀，那么，同样，人们可以自己相互决定在什么程度上，强奸、私通以及伪誓是允许的了。上

---

① 曼利阿斯（Manlius Torquatus）——古罗马政治家，在第三次任执政官时，于公元前340年一次对外战争中，对其违背军令的亲生子，处以死刑。——中译者

② 斯多葛派——古希腊的一个哲学学派，该派后期有"一切罪恶都是均等的"这一主张。——中译者

帝命令我们无杀人之权，也无自杀之权。而人们却彼此同意，在一定的事例中，人可以杀人。但如果人们中的这种意见一致竟具有如此的效力，使他们的仆从无须遵守上帝的戒律，尽管从上帝处无先例可援，这些仆从却可以把按照人类法律应该处死的人处死，岂非上帝的戒律在人类法律许可的范围内才行得通吗？其结果将会是，在每一件事上都要同样由人们来决定上帝的戒律究竟便于他们遵行到什么程度。

"最后，摩西①立法虽然严酷，由于其本来用以对付奴隶和贱民，对盗窃也只是科以罚金，不用死刑。我们不要认为，在其慈悲的新法律②里训示我们如同父亲训示儿女一般的上帝，竟容许人们有彼此残忍相待的这种较大的随便权利。

"'这就是我认为这种惩罚不合法的道理。而且，一个国家对盗窃犯和杀人犯用同样的刑罚，任何人都看得出，这是多么荒谬甚至危险的。当盗窃犯发现，仅仅对于盗窃，判刑竟如同对于杀人同样的可怕，这个简单的考虑就促使他把他本来只想抢劫的那人索性杀掉。他要是被人拿获，本不致冒更大的危险；何况杀人灭口，更可望掩盖罪行，对他说来反而较为安全了。这样，我们虽然用酷刑威吓盗窃犯，我们却怂恿他消灭良好的公民。

---

① 摩西（Moses）——公元前十四世纪或前十三世纪以色列部落的领袖。此处所说，见基督教圣经《旧约全书·出埃及记》，第22章。——中译者
② 新法律——指基督教圣经《新约全书》福音中的教义。——中译者

"'关于更适当的惩办方式这个常见的问题,我认为发现一个较好的方式比发现一个较坏的方式要容易些。非常长于治国的罗马人在古时所爱用的一种惩办罪行的方法,那是好方法,我们为何对它有怀疑呢?罗马人把经过判罪的重犯始终加上镣铐,罚去终身采石开矿。

"'然而,关于这个问题,任何国家的制度都比不上我旅行波斯时在一般叫做波利来赖塔人①中所看到的那种制度。他们的国家很大,治理得宜,除向波斯国王进贡年税而外,他们生活自由,按本身立法实行自治。他们的地方离海很远,几乎四面环山,物产完全自给自足。因此,他们和别的国家极少互通往来。按照他们多少年来的国策,他们不求扩张自己的领土,而且,既有高山做屏障,又对他们的霸主进献贡物,因此,保卫本国领土使其不受侵略也不费力。他们既然完全不受军国主义的侵扰,过的生活尽管平常却很舒适,虽然默默无闻却很快乐。我想,甚至他们的国名,除近邻外,外间都不大知道。

"'在这个国家,盗窃犯定罪后须将赃物交还失主,不像通常在别处须送给国王。他们认为,国王和盗窃犯都没有取得该物的权利。如原物已失,则按价从盗窃犯的财产中取偿,多余的钱全部还与犯人的妻子儿女。犯人本身则被罚令服苦役。如

---

① 波利来赖塔人(Polylerites)——用希腊语成分杜撰,意指"一派胡说"。——中译者

罪行不严重，犯人不至于坐监牢，也免于上脚镣，在身体自由的情况下派去为公众服劳役。拒绝劳动或劳动态度差的犯人不但被加上锁链，而且受到鞭笞，进行强迫劳动。他们若是做工勤快，绝不会受到侮辱和伤害。只是每夜他们经过点名后，被锁禁在睡觉的处所。

"'除去经常做工外，犯人的生活中没有什么苦可吃。例如，他们的伙食很好，由公库开支，因为他们是替公家做工——关于这方面的办法各地不一样。在某些地区，用于他们身上的开支来自筹集救济金。这个办法虽不稳定，然而波利来赖塔人存心非常慈善，所以其他任何办法所得都不比这个办法更能供应充裕，满足需要。在另一些地区，拨出固定的公共税收以支付此项费用。其余地区则按人口抽特定的税充当这笔经费。还有若干地区的犯人无须为公众服劳役，任何公民需要帮工，可到市场雇用他们，按日发给固定的工资，略低于雇用自由的公民。并且，受雇的犯人如工作不力，雇主可施行鞭打。因此，犯人不愁无工可做，不但赚钱养活自己，还每天为国库增加收入。

"'他们穿的衣服颜色全一样。他们不剃头，把两耳上面的发剪短，并削去一个耳垂[①]。他们可以接受朋友赠送的饮食以及符合规定颜色的衣服。金钱赠予，对送者及收者都是死罪。任

[①] 削去耳垂——亨利八世王朝的英国确有类似的用刑，参见马克思：《资本论》第1卷，人民出版社1975年版，第803页。——中译者

何自由公民，不问理由如何，若是接受犯人的钱，以及奴隶（定罪犯人的通称）若是接触武器，都冒被处死刑的危险。每一地区的奴隶带有特殊标志，以资识别；当他从本区外出，或和另一地区奴隶交谈时，扔掉这个标志构成死罪。此外，凡密谋逃亡与实际逃亡是同样的险事。对逃亡有默许行为的，若是奴隶，处以死刑；若是自由公民，罚令充当奴隶。相反，对告发者规定了奖赏，自由公民得现钱，奴隶恢复自由，对以上两种人都免予追究其同谋的罪行。其用意是，作恶到头的人绝不能比及早回头的人占更安全的便宜。

"'这就是关于这个问题的法令和步骤，我已经对你描述过了。你会很容易看出，这是多么合乎人道，多么有益处。公众所表示的愤怒，其目的无非是根除罪恶，挽救犯罪的人，处理他们时使他们一定要改过迁善，以后一辈子将功赎罪。

"'而且，也无须担心这样的人旧病重犯。甚至旅客出行，认为用这类奴隶做向导是十分安全的，每当进入一个新地区，就更换奴隶。奴隶没有可用于抢劫的工具。他们不携带武器，如发现有钱适足以证明有罪。这种人一经被捕，就受到惩处，想逍遥法外是绝不可能的。他的衣服和通常人的衣服绝无相同之处，除非赤裸裸上路，怎能够悄悄逃去不给发现呢？即使赤裸裸上路，他的耳朵也会在逃亡中使人识破他。

"'不过当然啦，会不会竟有奴隶共同阴谋叛国之虞呢？那就好像任何一个地区的奴隶在这方面可望成功，而无须先对其他许多地区的奴隶群进行试探和煽动了！他们是不可能共同密谋的，甚至不能见面交谈或互相招呼。他们更不可能胆敢将阴谋向自己的伙伴泄露，因为他们深知，隐瞒阴谋者是处于危险之中的，而告发阴谋者是得到好处的。相反，如果一个人心甘情愿而毫无怨言地忍受他的处罚，有从此改过自新的表现，他是有希望终有一天获得自由的。实际上，每年都有大批这样的人由于服从管教而被给予自由。'

"我说过这段话后，接着又说，我看不出这个方法何以在英国不能采用，何以比起和我辩论的这位法律家所夸不绝口的司法措施不更行之有利。那位法律家回答说，'把这套制度在英国定下来一定弄得全国不得安宁。'他边说边摇头努嘴，然后沉默下去。在场的人都认为他的话有道理。

"接着红衣主教发言说，'要猜测这个制度行之有利或有害是一件难事，因为完全没有实施过。如果，宣判死刑后，英王下令暂缓执行；并经过对庇护权①的限制，我们试行这个制度，那时实践有效的话，把这个制度当成法律就是正当的。倘若行之不利，然后将已判处死刑的人立即执行，比起现在就执行，会一样有利于公众，而且一样公正。同时，这种试行并不带来危险。而且，我相信，对于游民可用同样办法处理②，因为，尽管屡次制定法令制裁这批人，我们成绩毫无。'

---

① 庇护权——英国中世纪某种类型的犯罪者如避入教堂等处，可逃免追捕，得到庇护。——中译者

② 对于游民可用同样办法处理——暗指当时英国残酷地镇压游民，参见马克思：《资本论》第1卷，人民出版社1975年版第803—805页。——中译者

"红衣主教话才说完,大家争先恐后称赞不已;可是这些意见刚才从我口里提出,他们都瞧不起。关于讲话中涉及游民的部分,大家尤其恭维,因为这是红衣主教的补充意见。

"我感到为难,是否把接着发生的事略去不讲还好些,因为那是很可笑的。不过我还是得讲,它本身无害,而且和我们讨论的问题有关。

"那就是当时恰巧有个清客在一旁,他想给人扮演滑稽家的印象,可是他的扮演逼真,使他显得确是滑稽。他的不合时宜的打趣的话本是用来引人发笑的,可是更引人发笑的是他本人而不是他的笑话。但他有时说的话不失为中肯,这就证明这句谚语的真实性:一个人常掷骰子,他迟早总要中一次彩。有个客人碰巧说:

"'拉斐尔的建议是对付盗窃犯的良好措施。红衣主教也采取了预防游民的好办法。现在剩下的只是,为那些由于老病而陷于贫困又无从工作谋生的人制定社会方案。'

"'如果我获得允许,'那个清客自告奋勇说,'我会设法把这种情况治好。我最巴不得将这样的人从我面前打发走。他们老是纠缠住我讨钱,发出凄凉的呼号声。可是随他们叫出什么调子,我是分文不给。往往发生的不外乎两者之一,我不愿意给钱,或是我手头空空,无钱可给。现在他们聪明起来了。他们看见我走过时,一言不发,再不想白费气力。他们再也不想从我得到什么了,真的,仿佛我是教区外的僧侣一样,从他捞不到东西。至于我,我要制定一条法令,把全部乞丐分配到各个班尼提克特①寺院去,男的当勤杂道人,女的做尼姑。"

"红衣主教微笑,把这些话当成说着玩的,可是其余的人却很当真。其中有一个神学家,是一个托钵僧②,他对于取笑教区外的僧侣和取笑和尚,颇感兴趣,因此他自己也来开心一番,虽然他平常是严肃的,达到阴郁的程度。

"'不,'他说,'即使情况是这样,你也不能使乞丐绝迹,除非对我们托钵僧有所照顾。'

"'可是这已经有照顾了,'那清客报复说。'红衣主教决定把游民管禁起来,让他们做工,这就很好地照顾了你们,因为你们是第一号游民。'

"当时大家注视红衣主教,见他对这个笑话未感到生气,如同对上面的笑话未生气一样,大家也就觉得听来高兴,只有托钵僧是例外。那是不足为怪的,他在这番讽刺的冲击下,怒不可言,止不住辱骂那个开玩笑的人。他骂对方是坏蛋、诽谤者、该死的家伙,同时从《圣经》上引用厉害的谴责词句。这个嘲笑者开始认真嘲笑起来,很得意自如:

"'不要生气,好托钵僧。圣书上写道:"你们常存忍耐就必保全灵魂。"'③

"托钵僧就回击——原话引在下面:'你这该死的东西,我

---

① 班尼提克特——属于天主教班尼提克特僧团(the Benedictine Order)的。当亨利八世王朝,这个僧团有三百座寺院,极为富有。——中译者
② 托钵僧——罗马天主教中以依靠施舍物为生的一种僧侣。——中译者
③ 见《新约全书·路加福音》,第21章,第19节。——中译者

倒不曾生气,至少我不曾犯罪,因为赞美诗作者说:"你生气吧,可不要犯罪。"'①

"这时红衣主教很温和地告诫托钵僧平静下来,但是他回答说:

"'不,大人,我说话出于一片善良的热切之心,我应该这样。由于圣洁的人是有热切之心的,因此圣书说:"我因为你的庙殿而心里热切,如同火烧。"② 全教堂发出共鸣的歌声:"当以利沙③向教堂走去,嘲笑他的人感受到这个秃头者的热切之心。"那个开下流玩笑的家伙也许同样有所感受吧。'

"'或许,'红衣主教说,'你的表现出于正当的心情。可是据我看,你若是不和一个笨蛋斗智,不和一个傻瓜进行傻的争辩,你虽未必显得更有道行,至少显得更加聪明。'

"'不,大人,'他回答说,'我不会显得更加聪明。最聪明的所罗门说:"要照傻瓜的傻话回答傻瓜"④——我现在就是这样做。我向他指出他如不小心就会掉进去的那个深坑。因为,如果许多人嘲笑唯一秃头的以利沙,感受到秃头者的热切之

---

① 见《旧约全书·诗篇》,第4篇,第4节。此处莫尔的译文是忠实的,1611年英国钦定译本此句欠确,1970年《新英语圣经》此句译得对。——中译者

② 见《旧约全书·诗篇》,第69篇,第9节。——中译者

③ 以利沙(Elisha,公元前850?—前795?)——古代犹太预言家。以利沙对嘲笑他秃头的儿童进行恶狠报复事,见《旧约全书·列王纪下》,第2章,第23、24节。——中译者

④ 见《旧约全书·箴言》,第26章,第5节。——中译者

心，那么，一个人取笑那么多托钵僧，其中秃头的不在少数，这个人应该怎样更加有如此的感受呢！此外，还有教皇的谕旨，可根据谕旨把嘲笑我们的人开除教籍。'

"红衣主教看到这件事罢休不了，用头示意那清客走开，机智地转到另一个话题。不一会儿，他从饭桌起身，去听取诉状，把我们打发走了。

"亲爱的莫尔，我的啰唆故事使你听起来够累的了。若不是你很想听，并且不肯放过谈话中任何一个部分，我真不好意思把时间拉长。我必须叙述这个谈话，虽然叙述得还是简要一些，以便揭露那些人的态度，他们不以先从我口里说出的话为然，可是一看到红衣主教对这样的话不加非难，他们就立即也表示赞同。他们如此逢迎红衣主教，甚至那个清客的空想，红衣主教只是当做玩笑，不曾驳斥，他们也表示赞许，几乎认起真来。由此你可以断定，这些奉承者对我以及我的意见会多么地轻视。"

"不待说，亲爱的拉斐尔，"我评论说，"你使我很高兴，因为你所说的既有道理，又有风趣。而且，我听你叙说时，觉得此身是在故乡英国，又觉得由于愉快地追忆起红衣主教，仿佛回到我的童年了，我小时正是在红衣主教的宫廷受到培养的。你既然很怀念红衣主教，你真难相信我是多么因此更加对你有好感了，尽管我已经对你具有很大的好感。然而，即使是目前，我不能改变心意，而必须认为如果你能说服自己不回避帝王宫廷，从而陈述你的谋划，你可以为社会造最大的福。这是你的责任中最重要的一部分,也是任何善良的人的责任。你爱读的作家柏拉图有这样的意见,只有哲学家做国王或是国王从事研究哲学,国家最后才能康乐。假如哲学家甚至不屑于向国王献计进言,康乐将是一件多么遥远的事!"

"哲学家并非如此不通情达理,"他回答说,"以至不愿意这样做——事实上,许多哲学家借著书立说这样做了——只要统治者肯采纳嘉谋嘉猷。但是无疑,柏拉图有过正确的预见:如果国王本人不从事研究哲学,国王就绝不会赞同真正哲学家的意见,因为国王是自小就受错误观念的熏染了。柏拉图从自己和代俄尼喜阿①交往的经验中,得到以上的真理。假如我对某一国王作出有益的条陈,彻底清除他灵魂上的毒素,难道你料想不到我会不是马上被撵走就是受到奚落吗?

"好,假使我供职法王②宫廷,参加他的枢密会议。在他亲自主持的一个秘密会上,一群最精明的谋臣绞尽脑汁,究竟用什么妙策可以占住米兰不放,夺回失去的那不勒斯,然后击败威尼斯,征服全意大利;更进而统治弗兰德斯,布拉

---

① 柏拉图——见本书第9页注②,在其所著的《理想国》中,他主张由哲学家管理国家。他曾做过西西里岛的统治者代俄尼喜阿(称小代俄尼喜阿 Dionysius the Younger 公元前四世纪)的哲学老师。——中译者

② 法王——此指路易十二(Louis XII,1498—1515年在位),通过其外家势力希图霸占今意大利的米兰(Milan),觊觎那不勒斯(Naples)以及威尼斯(Venice),以上各城当时都是几个小公国。——中译者

邦特，终而全勃艮第[①]——还有别的国家，其领土是法王早就有意并吞的。

"在这个会上，一个谋臣建议和威尼斯人达成协定，只要法王认为便利，协定便持续下去，有事和威尼斯人商议，并让他们享受一部分掠夺物，等到事情如愿以偿，不妨索回原物。另一个谋臣提出招募德意志雇佣兵，还有谋臣想贿买瑞士人，更有谋臣要国王用黄金作为可以接受的礼物，消解皇帝陛下[②]的怒气。又有谋臣献计须和阿拉贡国王[③]言归于好，作为和平的保证，应把属于别人的纳瓦尔国[④]割让于他。也还有谋臣建议让卡斯提尔国王[⑤]上钩，使他指望和法国联姻，并用固定的年金收买他宫廷上某些贵族，使倒向法国。

"同时，有一个最令人苦恼的问题：怎样对付英国？大家

[①] 勃艮第（Burgundy）——在今法国东南部，自九世纪起为独立公爵领地，1477年曾为法国兼并。布拉邦特（Brabant）在中世纪为公爵领地，1430并入勃艮第，后与勃艮第大部分北部领地同并入奥地利的哈普斯堡（Hapsburg）王室。——中译者

[②] 皇帝——指神圣罗马帝国的皇帝马克西米利安一世（Maximilian I，1508—1519年在位）。——中译者

[③] 阿拉贡（Aragon）国王——据这个王位称斐迪南二世（Ferdinand II，1479—1516年在位），通称斐迪南五世（Ferdinand V），为英王亨利八世最初妻子凯瑟琳（Catherine）的父亲。——中译者

[④] 纳瓦尔国（Navarre）——以前欧洲的王国，介于西班牙及法国之间，十六世纪两者相互争夺它。——中译者

[⑤] 卡斯提尔国王——即查理五世，见本书第6页注②。此处似指当时查理与路易十二最幼女议婚事。——中译者

公认，必须进行和平谈判；对于一个脆弱的联盟，充其量只能用坚固的契约去加强，必须称英国人为朋友，暗防他们是敌人。因此，要使苏格兰人有所准备，英国人一有动静，就让苏格兰人抓住机会对他们下手。此外，必须暗中支持某个流亡在外的贵族——既有条约，就不好公开支持——赞助他对于英国王位的要求，借此钳制一个不堪信任的国王。

"在这样的会上，嗨，大家如此卖力，许多杰出的人才竞相提出属于战争性质的建议，像我这个无足轻重的人，如果我起立建议改变方针，将会怎样呢？假定我表示不要去干涉意大利。假定我用辩论证明，我们应该待在本国，因为法国本身已经大得不是一个人所能治理得宜的，所以法王不应梦想扩大自己管辖的领土。假定，然后，我对他们陈述乌托邦岛东南南方大陆上的阿科里亚人①所作的决定。

"曾经有个时候，阿科里亚人为他们的国王争夺另一个王国而从事战争，这个国王根据和那国的旧的联姻关系，自认是它的合法继承人。在阿科里亚人将其夺取后，他们发现，由于要保住它而来的麻烦不亚于花气力取得它。在这些新掠夺来的臣民中，经常发生着内部叛乱和外来侵略的萌芽。阿科里亚人认识到，对于这些臣民，他们不得不经常作战加以保护或加以制裁，因而保持一支常备不懈的军队。同时，阿科里亚人遭到

---

① 阿科里亚人（Achoriens）——用希腊语成分杜撰，意谓无何有之乡的人，其构成类似"乌托邦"的意义。——中译者

洗劫，他们的金钱流出国外，他们为别人的区区荣誉而流血，但和平却不比过去更加牢固，因为战争使国内的道德风尚趋于败坏，酷嗜盗窃成为第二天性，战场上的杀戮使人们敢于铤而走险去犯罪，法律受到蔑视——这都是因为这个国王要为管理两个王国分心，结果其中任何一国不能治理得宜。

"后来，阿科里亚人发现要结束这一切灾难绝无别法，就一起商议，非常恭顺地请求国王对那两王国只保留一个，任凭他自愿选择。他不能两个王国兼顾，因为他无从分身统治那么众多的人，正如同谁也不赞同雇用哪怕是一名骡夫，如果须和另一个主人合雇。这位贤明的国王不得不满足于自己的王国，而把新获得的王国让给一个朋友，后来不久这个朋友被赶走了。

"再者，假定我表明，由于法国国王而那么许多国家陷于扰攘不安的这一切穷兵黩武，在消耗了他的财库和歼灭了他的人民之后，终必至于不幸一无所获，所以，他不如去治理这个祖传的王国，竭力使其繁荣昌盛，爱臣民并为臣民所爱，和他们一同生活，政事宽而不严，不觊觎别的王国，因为他所统辖的土地对他已经绰有余裕了。亲爱的莫尔，我这番话，你想听的人将会怎样去接受呢？"

"当然，不会乐意接受，"我说。

"那么，再说下去罢，"他继续说。"设想这样一个情景：某一国王正倾听一批廷臣大发议论，筹划如何为他聚敛财富。一个廷臣献计，国王支付时可将货币升值，当他收进时，可将其贬值至法定率以下——这就可以双收其利，既用少量的钱还大量的债，又可以从应收进的小笔欠款捞一笔钱。另一个廷臣献计虚张声势作战，以此为借口筹集款项，然后在国王认为合适时庄严地讲和，蒙蔽纯朴的老百姓，都是因为仁慈的国王出于好心肠，不忍涂炭生灵呀！

"还有廷臣向国王提起某些陈旧断烂的法典，因长期不用而废除的法典，谁也记不起颁布过，谁也就不遵守。国王应对不遵守这些法典的人科以罚金，这是最大的生财之道，又最名正言顺，因为是以执法为幌子！又有廷臣献策，国王规定许多禁例，侵犯国民生计更是禁例，违者严厉处分。然后，他又从因禁例而利益受损的人收取金钱，特许对他们开禁。这样，他既博得老百姓的欢心，又有双重进项：既向贪图横财以致陷于法网的人勒索罚金，又向另一些人出卖专利——的确，卖价越高，国王越贤明，因为国王极不愿给私人以侵害公益的专利，如要给予，必须私人付出重价！

"还有廷臣劝说国王将法官约束起来，听从他的节制，这样，法官判决每一案件，都将有利于国王。而且，他须召法官到王宫，要他们当他的面辩论有关他的事务。国王所作所为尽管显然不正当，法官对此，或是存心反驳别人，或是羞于雷同其他意见，或是一意邀宠，总可以在法律条文中找到漏洞，加以曲解。当各个法官意见参差不一，本来很清楚的一个问题却引起争议，真理成为可疑，国王正好借此亲自解释法律条文，使符合他本人的利益。别人或是恬不知耻，或是心里害怕，无不随声附和。（随着，这个决议竟毫无顾忌地被说成是法庭做的!)然后,站在国王一边作判决,总不怕找不到借口。为了能对国王有利,只要或是说国王是公正的,或是死扣法律条文的字眼,或是歪曲书面文字的意义,或是举出无可争议的国王特权,最后这一条对于有责任心的法官是高出一切法律之上的!

"所有的廷臣都赞成克拉苏①的名言:一个必须维持一支军队的国王,不管他的钱怎样多,总是不够的。而且,即使国王想做错,也不至于做错,因为凡是老百姓所有的都是国王所有的,连老百姓本身都是属于国王的,只是由于国王开恩而不曾取去的那一些才是每个人自己的财产。每个人自己的财产越少越好,这是对国王极其有利的。因为国王的保障在于老百姓不能从有钱有自由而变为犯上无礼。老百姓一旦又有钱又自由,就不肯接受苛刻而不公道的政令。相反,贫困可以磨折他们的志气,使他们忍受,使受压迫者失去高贵的反抗精神。

"在这个时候,假使我又起身争辩,说这些进言有损于国王的光荣和安全,因为不但国王的光荣,而且他的安全,系于老百姓的富裕,而不是系于他自己的富裕。假使我还指出,老百姓选出国王,不是为国王,而是为他们自己,直率地说,要求国王辛勤从政,他们可以安居乐业,不遭受欺侮和冤屈。正由于此,国王应该更多关心的是老百姓的而不是他个人的幸

---

① 克拉苏(Crassus,公元前约115—前53)——古罗马显宦及富人。——中译者

福，犹如牧羊人作为一个牧羊人，其职责是喂饱羊，不是喂饱自己。

"事实的确如此，这些谋臣的错误在于认为，百姓穷就导致国家太平。然而在叫花子中间不是争吵最多吗？还有比不满意生活现状的人更急于造反的吗？还有比一无所有的人更不顾一切极力去捣乱、想混水摸鱼的吗？如果某一国王被老百姓轻视憎恨，为了镇压他们，不得不从事虐待、掠夺、查抄、把他们沦为乞丐，那么，他的确倒不如辞去王位，免得由于保持王位而采用那些手段，徒有国王之名，毫无尊严可言。国王所统治的不是繁荣幸福的人民，而是一群乞丐，这样的国王还像什么话。这点正是正直高尚的腓布里喜①的意见，他答复别人说，他宁可治理富有的老百姓，不愿意自己富有。

"诚然，要是一个人享乐纵欲，周围却是一片呻吟哀号，那就意味着他不是管理国家的，而是管理监狱的。总之，给人治好头病却带来脚病的那是庸医，同样，为了改善公民的生活而必须夺去他们生命中美好的东西的人，应该承认他自己对治理自由人民是一个门外汉。

"是的，一个国王应该力戒惰与傲，这两个弊病一般使他无从得到人民的爱戴。他必须依靠自己为生而无损于人。他必须量入为出。他应制止危害及罪行，正当地引导人民，与其

---

① 腓布里喜（Fabricius，？—公元前约250）——罗马执政官，以清廉著称。——中译者

各处有犯法行为而事后加以惩处,不如事前防止。时效丧失的法律,特别是长期不用而视同可无的法律,他不应轻率地付诸实施。他不能借口处分违法乱纪而没收法庭不容私人占取的财物,因为这是一种讹诈。

"假如我又向他们提及马克里亚人①的法典,这将会怎样呢?马克里亚人住的地方距乌托邦很近,他们的国王在登位的一天举行庄严的献祭,宣誓他内库的黄金或白银在任何时候值价不超过一千英镑。据说,这条法律是一位很贤明的国王制定的,他对国家的福利,比对自己的财富还更关心。这个立法是用以防止聚敛财富致使百姓陷于贫穷。那位国王认为,这笔库存已够使他平定内乱和抵御外侮,但又不至于多到诱使他侵犯他人的所有物。防止最后一点是制定这条法律的主要目的。他还考虑到,这对于民间日常交易所需通货的可能缺乏又是一种预防措施。此外,他觉得,凡超出法律所规定的数字限制的金额,他必须从国库中交出,这样,他就无须索取不义之财了。这样的国王就会使坏人害怕,好人爱戴。总而言之,如果我把这些意见以及诸如此类的意见,强加于另有其看法的那些人,这岂非对聋子说道吗?"

"的确是面对聋子,"我表示同意说,"老天在上,我丝毫不奇怪。老实说,你既然肯定人家是聋子,我以为你无须把你的意见强加于他们,无须向他们提出建议。他们已有不同的信

---

① 马克里亚人(Macarians)——本希腊语,意谓快乐的人。——中译者

念先入为主,你这种不同寻常的见解对他们何益,能打动他们的心弦吗?在熟朋友中彼此聊天,你这套经院式哲学是不失为有风趣的,可是拿到议论大事左右一切的国王会议上,你那些想法是没有地位的。"

"我说哲学与统治者无缘,"他回答说,"正和你的观点不谋而合。"

"是,"我说,"诚然不错,与这套经院式哲学无缘,因为这种哲学认为它是到处都可适用的。可是还有一种哲学,深知自己活动的舞台,能适应要上演的戏,并巧于扮演须担任的角色,这种哲学对政治家更合于实用。这是你必须采用的哲学。不然,就会出现这样的情况:当普劳塔斯①的喜剧演出时,一群家奴正在台上彼此即兴打诨,你却披上哲学家的外衣走上舞台,朗诵《屋大维娅》②悲剧中辛尼加对尼禄皇帝的争辩。如此不合时宜朗诵,把一场戏弄成又悲又喜的杂烩,那岂非扮一个哑巴角色还好些吗?你会使一场演出大煞风景,如果你掺入不相干的东西,纵使这些东西从其本身说价值更高。不管您演

---

① 普劳塔斯(Plautus,公元前254?—前184)——古罗马喜剧家。——中译者
② 《屋大维娅》(Octavia)——古罗马的一部悲剧,混入哲学家辛尼加(见本书第10页注)的稿本中,其实这个剧并不是辛尼加的作品。辛尼加当过罗马暴君尼禄(Nero,54—68年在位)的教师。尼禄因故不喜其第一个妻子屋大维娅,后将其处死,辛尼加对尼禄意图遗弃妻子提出了抗议,尼禄不顾,所以这场争辩是无益的。这个剧冗长而沉闷枯燥,又有过于浓厚的悲哀气氛,故此处云云。——中译者

的是什么戏,要尽量演好它,不要由于想起另外更有趣的戏而把它搞坏了。

"对一个国家也是这样。对国王召集的会议也是这样。你如不能根除坚持错误的成见,不能称心满意地治好积久的弊端,你切不可因此就抛弃这个国家。正如你不能因为控制不住风就在风暴中扔掉船一样。

"从另一方面说,不要把抱有不同看法的人所难以接受的新鲜意见强加于这种人,而是一定要间接地尽你力之所能机智地行事。凡是你无法使之好转的事,切不可丝毫搞坏。因为什么事都好是不可能的,除非什么人都好,我不敢希望在不久的将来什么人都好。"

"如果用这样的办法,"他议论说,"我所得的结果只是,在我医治别人的疯狂时,我自己也惹上精神失常。我若是坚持真理,我就必须依照我所讲述的方式说话。我认为,说谎可能是哲学家的本分,但我绝不干。虽然我的发言那些谋臣或许不赞成,觉得讨厌,但我看不出我的发言竟会奇怪到荒谬的程度。要是我把柏拉图在他的共和国中的设想提出,或是把乌托邦人在他们国中所实行的提出,又将怎样呢?尽管这些制度是优越的(不消说是优越的),却会看来是奇怪的,因为这儿每人享有私有财产的权利,那儿一切是公有的。

"一意在相反的道路上轻率前进的人,不会欢迎向他招手指出前途有危险的人。但是除此以外,我谈话内容有哪些是不宜于或不应该到处提出的呢?的确,倘使人类反常道德观认为奇怪的一切事物，都必须作为离经叛道而置之不论，那么，我们必须装做不见基督的全部教义了。可是，基督不容许我们装做不见，以致即使他对弟子附耳低声说的话，他还命令拿到屋顶上去公开宣扬①。基督的大部分教训，比我的发言更和世上人的道德人有差异。然而狡狯的传教士发现人们不愿按基督的准则改正自己的道德后，于是似乎听从你的劝告，竟变通基督的教训，好像那是一根软铅尺②，以适应世上人的道德，使二者至少在某种情况下取得一致。我看不出传教士这样做有什么好处可得，除非使人们可以更心安理得地去做坏事而已。

"毫无疑问，我在国王的议事会上将同样难以取得成效。因为我或是持相反意见，那等于白发表意见，或是附和别人，这就如同忒楞斯的戏里密喜俄③所说的，助长他们的疯狂。至于你提出的间接的方法，我看难用得着。我指的是你建议我在一切都无济于事的时候，至少要极力机智行事，并尽量不要搞坏。在国王面前，一个人无从装聋作哑，也不能视而不见。他必须公开赞成最糟糕的献策，支持最有害的旨谕。任何人对坏意见只要不尽情恭维，就会被看成是间谍，几乎视同叛徒。

---

① 见《新约全书·路加福音》，第12章，第3节。——中译者
② 软铅尺——屡见于旧的著述中，古代希腊莱斯博斯岛（Lesbs Island）上用于建筑上弯曲线条的一种尺。——中译者
③ 忒楞斯（Terence，公元前约190—前159）——古罗马剧作家，其喜剧《兄弟》（Adelphi）中人物之一是密喜俄（Mitio）。此处所引的话见该剧第1幕，第2场，第65行。——中译者

"而且,你没有机会去干任何有益的事,因为和你相处的是那般同事,在他们自己还未得改造之前,很容易带坏哪怕是再好不过的人。由于来自他们的这种不良伙伴关系,你本人不是被拖下水,就是保持正直清白,却为别人的坏事蠢事作了掩护。所以你的间接手法远远地无补于事。

"由于此,柏拉图作了一个很妙的比较,指出何以哲学家有理由不参与管理国家。哲学家看见人们走出涌上街头,浑身给经常的阵雨淋湿,却无法劝他们进屋子避雨。[①] 哲学家知道,如果他们自己外出,毫无好处,只是和其余的人一样弄湿身子。因此,如果至少他们本人安全,他们就觉得满意,这样,他们便留在家中,对于医治别人的愚蠢,他们是无能为力的。

"不过,当然啦,亲爱的莫尔,把我内心的感想坦率对你说吧:我觉得,任何地方私有制存在,所有的人凭现金价值衡量所有的事物,那么,一个国家就难以有正义和繁荣。除非一切最珍贵的东西落到最坏的人手里,你认为这符合正义;或是极少数人瓜分所有财富,你认为这称得上繁荣——这少数人即使未必生活充裕,其余的人已穷苦不堪了。

"所以,当我心头思考乌托邦人的非常贤明而神圣的制度时,想到他们中间法令极少而治理得宜,善必有赏,可是由于分配平均,人人一切物资充裕;于是和乌托邦人的政策相对照,我又想到别处许多国家不断制定法律,却全都不上轨

---

① 见柏拉图《理想国》第6卷。——中译者

道——在这些国家,一个人不管取得了什么东西,就把它叫做自己的私产,然而那儿每天定出的全部法律却不够使一个人对于轮到可称为他自己的商品,给以保护防卫,或从别人的商品分辨出来。这种困难处境,容易从无数层出不穷的诉讼得到证实。我重复一句,当我考虑到以上一切实际情况,我就更加赞同柏拉图,更不奇怪何以他不肯给拒绝财产均有法规的人们制定法律。①

"这位哲人当然轻易地预见到,达到普遍幸福的唯一道路是一切平均享有。我怀疑当个人所有即是私人财产时,一切平均享有能否达到。如果人人对自己能取得的一切财物力图绝对占有,那就不管产品多么充斥,还是少数人分享,其余的人贫困。在一般的情况下,穷人倒很应该享有富人的境遇,因为富人贪婪、肆无忌惮、毫无用处,而穷人则正派、直率,终日辛勤劳动,牺牲自己为国家作出贡献。我深信,如不彻底废除私有制,产品不可能公平分配,人类不可能获得幸福。私有制存在一天,人类中绝大的一部分也是最优秀的一部分将始终背上沉重而甩不掉的贫困灾难担子。

"我承认可以在某种程度上减轻这副担子,但我坚信,无法取消它。可以规定一项条例,任何人拥有的地不得超过若干

---

① 此处所引见代俄哲尼斯·雷厄喜阿斯(Diogenes Laertius,约200—约250)用希腊文写的《著名哲学家生平及见解》第3卷中关于柏拉图部分。——中译者

亩，任何人货币收入不得多于法定的数目。还可以通过特定法律，防止国王权力过大和国民傲慢不逊，以及禁止卖官鬻爵，不许因公务而个人得以铺张浪费。不如此，就会产生机会，使人想通过欺骗及掠夺去充实私囊，而且本应该由贤人担任的官职，势必要委任富人担当。我的意见是，犹如得不治之症的病人不断医疗可获得拖延，因此用这种立法，那些弊端也可以减轻，较为缓和。然而只要每人是自己财产的主人，彻底治好和恢复健康是无望的。并且，当你专心某一局部的治疗，你会加重其他部分的病情。因此，你治好甲的病，乙又转而生病，其原因是所有给予甲的都是取之于乙的。"

"可是，"我大胆地说，"我有相反的看法。一切东西共有共享，人生就没有乐趣了。如果大家都不从事生产劳动，物资供应如何会充足？因为一个人缺乏亲身利益作为动力，他就爱逸恶劳，只指望别人辛苦操作。而且，当人们为贫困所驱使，而保持个人自己所得又成为非法，这不是必然会惹起经常的流血和暴乱吗？特别是由于取消了行政官的权威以及其职位的尊严，情形就会是这样，因为我无从想象，当人人同处在一个水平面上，行政官在他们中间怎能有什么地位。"

"我毫不奇怪，"拉斐尔回答说，"你这样看问题；你对于我所指的情况不能想象，或是想象错了。你如果跟我到过乌托邦，和我一样亲眼看到那儿的风俗习惯就好了。我在那儿生活了五年，若不是由于要使外人知道这个新世界，我绝不愿离去。因而，你若是到过乌托邦，你可以当之无愧地承认，除掉在那儿,你从未见过生活得秩序井然的人民。"

"可是,肯定无疑地,"彼得反对说,"你很难使我相信,比起我们所熟知的这个世界,在那个新世界竟能发现生活得更秩序井然的人民。在我们所熟知的这个世界,我料想有同样聪明的人,有比那儿更历史悠久的国家,由于累世的经验而找到许多生活上的便利,更无须列举不是任何人类智慧所能想象出的那些偶然巧合的发现了。"

"关于国家历史悠久,"拉斐尔驳斥说,"如果你读过有关那个世界的记载,你会作出更正确的判断。若是我们必须相信那些记载,那么,我们这儿还未出现人以前,那儿就已经有城市了。而且,凡是人的智力的创造或属于偶然的发现,他们那儿和我们这儿可以同样都有。我深信不疑,即使我们比那儿的人更聪明,我们远不如他们实干和勤奋。

"根据他们的纪年史,直到我们登陆时,他们对于我们的活动一无所知(他们称呼我们为赤道那边的人),只知道一千二百年前一只遭风暴的船曾在乌托邦岛失事,那次若干罗马人和埃及人被冲上岸,从此留住岛上。请看乌托邦人怎样毫不松懈,很好地利用了这个机会。凡是罗马帝国有用的技艺,他们或是从这些乘船失事的外来人学会了,或是从得到的研究线索自己加以发现。我们中间若干人仅仅一度漂流到他们的岸上,他们竟因此获益匪浅。

"可是如果任何人从这个国土同样偶然漂流到我们的国土上来,我们会忘记得一干二净,正如后世也许会把我到过那儿这件事同样忘记得一干二净。他们一遇见我们的人，便马上把我们的种种好发明变为己有，而我们要采用他们的更优越的制度，我想那是要经过一个长时期的。我认为这个特点说明，何以我们在聪明和资源方面不亚于他们，而我们的国家却不如他们的国家治理得当和幸福繁荣。"

"如果情况是这样的话，亲爱的拉斐尔，"我说，"我恳求你给我们把这个岛描写一番。不要说得简略，请依次说明地域、江河、城镇、居民、传统、风俗、法律，事实上凡是你认为我们想知道的一切事物。你一定要考虑到，任何能开拓我们眼界的事物，我们都愿意知道。"

"这件事，"他宣称，"我是十分高兴做的，那些情况在我还是记忆犹新呢。但说来话长，需要时间。"

"既然如此，"我建议说，"且到里面进餐。然后我们随意支配充分的时间吧。"

"同意，"他回答说。

于是我们入内吃饭。饭后我们回到原处，坐在原来那张长凳上，吩咐仆人莫来打搅。彼得·贾尔斯和我就催拉斐尔实践诺言。他见到我们急切地要听，经过坐定沉思一会儿后，开始他如下的叙述。

    第一部终，下接第二部。

《乌托邦》第二部

拉斐尔·希斯拉德关于某一个国家理想盛世的谈话，由伦敦公民和行政司法长官托马斯·莫尔转述

乌托邦岛中部最宽，延伸到二百哩，全岛大部分不亚于这样的宽度，只是两头逐渐尖削。从一头到另一头周围五百哩，使全岛呈新月状，两角间有长约十一哩的海峡，展开一片汪洋大水。由于到处陆地环绕，不受风的侵袭，海湾如同一个巨湖，平静无波，使这个岛国的几乎整个腹部变成一个港口，舟舶可以通航各地，居民极为称便。

港口出入处甚是险要，布满浅滩和暗礁。约当正中，有岩石矗立，清楚可见，因而不造成危险，其上筑有堡垒，由一支卫戍部队据守。此外是水底暗礁，因而令人难以提防。只有本国人熟知各条水道。外人不经乌托邦人领航，很难进入海湾。实则，这个出入处即使对乌托邦人自己也不能算是安全的，除非他们依照岸上的明显标志作指引。这些标志一经移位，不管敌人舰队多么壮大，都容易被诱趋于毁灭。

岛的外侧也是港湾重重。可是到处天然的或工程的防御极

乌托邦岛图

（摘自1518年巴塞尔版）

佳，少数守兵可以阻遏强敌近岸。

根据传说以及地势证明，这个岛当初并非四面环海。征服这个岛（在此以前叫做阿布拉克萨岛①）而给它命名的乌托普国王使岛上未开化的淳朴居民成为高度有文化和教养的人，今天高出几乎其他所有的人。乌托普一登上本岛，就取得胜利。然后他下令在本岛连接大陆的一面掘开十五哩，让海水流入，将岛围住。他不但要居民干这个活儿，而为了不使他们觉得这种劳动不光彩，也让自己的兵士参加进去。既然动手的人多，任务完成得异常快，邻国人民当初讥笑这个工程白费气力，及见大功告成，无不惊讶失色。

岛上有五十四座城市，无不巨大壮丽，有共同的语言、传统、风俗和法律。各城市的布局也相仿，甚至在地势许可的情况下，其外观无甚差别。城市之间最近的相隔不到二十四哩，最远的从不超过一天的脚程。每年每个城市有三名富于经验的老年公民到亚马乌罗提集会商讨关系全岛利益的事。亚马乌罗提作为全国中心的一座城，其位置便于各界代表到来。它被看成是主要的城，亦即是首都。

各个城的辖境分配得宜，任何城的每一个方向都至少有十二哩区域，甚至更宽些，亦即两城相距较远的一面。每个城都不愿扩张自己的地方，因为乌托邦人认为自己是土地的耕种

---

① 阿布拉克萨（Abraxa）——一说组成本名的希腊字母代表数字365，等于全年的天数，寓有神秘意味。——中译者

者,而不是占有者。

农村中到处是间隔适宜的农场住宅,配有充足的农具。市民轮流搬到这儿居住。每个农户男女成员不得少于四十人,外加农奴二人,由严肃的老年男女各一人分别担任管理。每三十户设长官一人,名飞拉哈。①

每户每年有二十人返回城市,他们都是在农村住满两年的。其空额由从城市来的另二十人填补。这些新来者从已在那儿住过一年因而较熟悉耕作的人接受训练。新来者本身次年又转而训练另一批人。这样,就不发生由于技术缺乏而粮食年产会出问题的危险。如果大家同时都是不懂农业的新来者,这种危险就会不可避免。虽然农业人员的更换是常规,以免有人在不愿意情况下被迫长期一直从事颇为艰苦的工作,然而许多人对农事有天然的爱好,他们获得许可多住几年。

农业人员的职务是耕田,喂牲口,砍伐木材,或经陆路或经水路将木材运到城市,视方便而定。他们用巧妙的方法大规模养鸡。母鸡不用孵蛋。农业人员使大量的蛋保持一样的温度,从而成熟孵化。小鸡一脱壳,就依恋人,视同自己的母亲!

他们饲养少量的马,全是良种,只供青年驰骋锻炼,不作他用。耕犁及驮运是由牛担任。他们深知牛不如马善于奔腾,但是牛比马更吃苦耐劳,又较少生病。此外,牛的饲养更经济省力。超过服役年龄的牛还可以供食用。

---

① 飞拉哈(Phylarch)——希腊语,意谓部落酋长。——中译者

他们种谷物，专当粮食。他们喝的是葡萄或苹果或梨子酿成的酒，甚至只是水。他们有时喝清水，但通常水里加上煮过的蜂蜜或当地盛产的甘草。

他们对于本城及附近地区消费粮食的数量虽然心中十分有数，却生产出超过自己需要的谷物及牲畜。他们将剩余分给邻境居民。当他们需用农村无从觅得的物品时，就派人到城市取得全部供应，无须任何实物交换，城市官员发出这些供应时是毫无议价麻烦的。反正每月逢假的那一天，农村中许多人进城度假。

将近收获时，农业飞拉哈通知城市官员应派遣下乡的人数。这批收割大军迅速按指定时间到达后，几乎在一个晴天飞快地全部收割完毕。

关于城市，特别是亚马乌罗提城

我们只要熟悉其中一个城市，也就熟悉全部城市了，因为在地形所许可的范围内，这些城市一模一样。所以我将举一个城市来描写（究竟哪一个城市，无关紧要）。但还有什么城比亚马乌罗提更适宜呢？首先，没有别的城市比它地位更高，其余城市都推它为元老院会议所在地。其次，没有别的城市最为我所熟悉，因为它是我住过整整五年的城市。

请听我说下去。亚马乌罗提位于一个不太陡的山坡上，几成正方形。它宽达两哩左右，从近山顶处蜿蜒而下，直达阿尼德罗河。它沿河部分延伸稍微长些。

阿尼德罗河发源于距城八十哩上游的一小股水，由于若干支流的汇注而河身加宽（其中两条支流水势颇大），使阿尼德罗河在城前流过时达半哩宽。稍远，河水更加浩阔，一泻六十哩，注入大海。从城到海这一段河道，甚至直到城那边的上游，每隔六小时有海水涨落，潮势凶猛。每当潮起，河水被迫后退，海水侵入河床达三十哩。这时，连远至三十哩之外，河水都是咸的。更上，水味渐淡，所以阿尼德罗河在城附近一段是不受海潮污染的。一旦潮退，河中澄清的水又流往下方到河口一带。

该城有桥通河的对岸，桥基不是用木桩而是用巨大的石拱建成。这个桥位置于距海最远的地方，因而船只可无妨碍地沿城的这一面全程航行。

这儿还另有一条小河，水流舒缓而怡人心目。它发源于城基所在的那座山，穿过城的中部流入阿尼德罗河。由于这条河的源头在城郊，居民便在该处筑成外围工事，和城连接起来，以防一旦敌人进攻，河流不致被截断或改道，也不致被放毒污染。居民从源头用瓦管将水分流到城中较低各处。凡因地势而不适于安设水管的地方，有容积大的雨水池，同样称便。

绕城有高而厚的城墙，其上密布望楼和雉堞。城的三面筑有碉堡，其下周围是既阔且深的干壕，其中荆棘丛生，难以越过。剩下的一面就用那道河作为护城河。

街道的布局利于交通，也免于风害。建筑是美观的，排成长条，栉比相连，和街对面的建筑一样。各段建筑的住屋正面相互隔开，中间为二十呎宽的大路。整段建筑的住屋后面是宽敞的花园，四围为建筑的背部，花园恰在其中。每家前门通街，后门通花园。此外，装的是折门，便于用手推开，然后自动关上，任何人可随意进入。因而，任何地方都没有一样东西是私产。事实上，他们每隔十年用抽签方式调换房屋。

乌托邦人酷爱自己的花园，园中种有葡萄、各种果树及花花草草，栽培得法，郁郁葱葱，果实之多及可口确为生平第一次见到。他们搞好花园的热忱，由于从中得到享乐以及各街区于此争奇斗胜而不断受到鼓励。一见而知，花园是对全城人民最富于实惠及娱乐性的事物。这个城的建立者所最爱护的似乎也是花园。

实际上，乌托邦人宣称，该城的全部设计是最初由乌托普国王本人拟出草图的。至于修饰加工，他看到这不是一个人毕生力量所能完成，就留给后代去做。他们的纪事史长达一千七百六十年，写得翔实认真。史书载明，最初住屋低矮，与棚舍无异，随便用任何到手的木料构成，围以泥墙。屋面陡斜，用草葺成。

今天则各户外观都很美，为三层的楼房。墙面用坚石或涂上泥灰，也有砖砌的，墙心用碎石填充。屋面为平顶，覆盖着一层廉价水泥，调制极精，可以防火，对于抵抗风暴又比铅板优越。他们用玻璃窗防风，玻璃在乌托邦使用极广；也间或用细麻布代玻璃装窗，布上涂透明的油料或琥珀。这个办法具有两个优点，光线较充足，抗风更有效。

关于官员

每三十户每年选出官员一人，在他们的古代语言中名叫摄护格朗特①，在近代语言中叫飞拉哈。每十名摄护格朗特以及其下所掌管的各户隶属于一个高级的官员，过去称为特朗尼菩尔②，现称为首席飞拉哈。

全体摄护格朗特共两百名，他们经过宣誓对他们认为最能胜任的人进行选举，用秘密投票方式公推一个总督，特别是从公民选用的候选人四名当中去推。因为全城四个区，每区提出一名总督候选人，准备提到议事会去。

总督为终身职，除非因有阴谋施行暴政嫌疑而遭废黜。特朗尼菩尔每年选举，但如无充分理由，无须更换。其他官员都是一年一选。

特朗尼菩尔每三天与总督商量公务，倘有必要，可以有时更频繁地接触。他们商讨国事。但如公民私人间发生纠纷（这

---

① 摄护格朗特（Syphogrant）——对本词希腊语原意，名家解释不一，有人解为老人或长者。——中译者

② 特朗尼菩尔（Tranibor）——各家对本词希腊语原意有不同解释，一说指坐首席席位者。——中译者

种情况是不多的），他们总是及时处理。他们经常让两名摄护格朗特出席议事会，这两名每天不同。他们规定，任何涉及国家的事，在通过一项法令的三天前如未经议事会讨论，就得不到批准。在议事会外或在民众大会外议论公事，以死罪论。这种措施的目的，据他们说，是使总督及特朗尼菩尔不能轻易地共谋对人民进行专制压迫，从而变革国家的制度。因此，凡属认为重要的事都要提交摄护格朗特会议，由摄护格朗特通知各人所管理的住户，开会讨论，将决定报告议事会。有时问题须交全岛大会审议。

此外，议事会照例不在某一问题初次提出的当天讨论，而是留到下次会议上。他们一般这样做，以防止任何成员未经深思，信口议论，往后却是更多地考虑为自己的意见辩护，而不是考虑国家的利益，即宁可危害公共福利，而不愿使自己的名声遭受风险，其原因是出于坚持错误的不适当的面子观点，唯恐别人会认为他一开始缺乏预见——其实他一开始本应充分预见到发言应该慎重而不应轻率。

关于职业

乌托邦人不分男女都以务农为业。他们无不从小学农，部分是在学校接受理论，部分是到城市附近农庄上作实习旅行，有如文娱活动。他们在农庄上不只是旁观者，而是每当有体力劳动的机会，从事实际操作。

每人除我所说的都要务农外，还得自己各学一项专门手艺。这一般是毛织、麻纺、圬工、冶炼或木作。除此而外，部分人从事的其他职业是不值得提及的。至于服装，全岛几百年来是同一式样，只是男女有别，已婚未婚有别。这种衣服令人看了感到愉快，方便行动，而且寒暑咸宜。哦，每户都是做自己的衣服呢！

除了裁制衣服而外，其他的手艺都是每人学一种，男的如此，女的也是如此。妇女体力较弱，因而做轻易的工作，一般是毛织和麻纺。男人担任其余较繁重的活计。子承父业是一般的情况，由于多数人有这种自然倾向。但如任何人对家传以外的其他行业感到对他有吸引力，他可以寄养到操他所喜欢的那种行业的人家。他的父亲，乃至地方当局，都关心替他找一个庄严可敬的户主。此外，如某人精通一艺后，想另学一艺，可得到同样的批准。他学得两门手艺后，可以任操一艺，除非本城市对其中之一有更大的需要。

摄护格朗特的主要的和几乎唯一的职掌是务求做到没有一个闲人，大家都辛勤地干他们的本行，但又不至于从清早到深夜工作不停，累得如牛马一般。那样倒霉是比奴隶的处境还不幸了，然而除乌托邦人外，劳动人民的生活几乎到处如此。乌托邦人把一昼夜均分为二十四小时，只安排六小时劳动。午前劳动三小时，然后是进午膳。午后休息二小时，又是继以三小时工作，然后停工进晚餐。他们从正午算起是第一小时，第八小时左右就寝，睡眠时间占八小时。

工作、睡眠及用餐时间当中的空隙，由每人自己掌握使用，不是浪费在欢宴和游荡上，而是按各人爱好搞些业余活动。这样的空闲一般是用于学术探讨。他们照例每天在黎明前举行公共演讲。只有经特别挑选去做学问的人方必须出席。然而大部分各界人士，无分男女，成群结队来听讲，按各人性之所近，有听这一种的，也有听那一种的。但如任何人宁可把这个时间花在自己的手艺上，则听其自便。许多人就是这样的情况，他们的水平不够达到用脑的较高深的学科。他们搞自己的手艺实际上还受到表扬，因为对国家有益。

晚餐后有一小时文娱，夏季在花园中，冬季在进餐的厅馆内，或是演奏音乐，或是彼此谈心消遣。骰子以及类乎此的荒唐有害的游戏，乌托邦是从不知道的。可是他们间通行两种游戏，颇类下棋。一种是斗数，一个数目捉吃另一个数目。另一个游戏是罪恶摆好架势向道德进攻，于此首先很巧妙地显示出罪恶与罪恶之间彼此倾轧而又一致反抗道德，然后是什么样的罪恶反抗什么样的道德，用什么样的兵力公开袭击道德，用什么样的策略迂回向道德进军，而道德又是采取什么样的防护以阻止罪恶的猖獗得势，用什么样的计谋挫败罪恶的花招，直到最后，其中一方通过什么样途径取得胜利。

可是，为了避免误会，这儿有一点你必须更深入地加以考察。既然他们只工作六小时，你可能认为其后果是必需品会有些是不足的。然而事实远非如此。对于生活上的必需或便利所万不可少的全部供应，这六小时不但够用，而且绰有余裕。这种现象你会理解，假使你考虑到在别的国家只吃饭而不干活的在全人口中占多么大的一个比例，首先是几乎所有的妇女，她们是全民的半数，或是妇女有事干的地方，男子又通常睡懒觉。而且，那伙僧侣以及所谓的宗教信徒又是多么队伍庞大，多么游手好闲呀！和他们加在一起的还有全部富人，特别是叫做绅士与贵族的地主老爷。再算上他们的仆从，我指那些干不出一件好事的仗势凌人的全部下流东西。末了，包括在内的又有身强力壮的乞丐，他们借口有病，专吃闲饭。这样，你就一定发现，创造人们全部日用必需品的劳动者远比你所想象的人数要少。

现在可以估计一下，在劳动者当中从事必要的手艺的人又是多么少得可怜。因为，在以金钱衡量一切的社会中，人们势不得不操许多毫无实用的多余的行业，徒然为奢侈荒淫的生活提供享受。倘使现在干活的这一大群人分配到为满足生活的少数自然需要与便利的少数行业中去，商品就必然大为增加，价格就会跌落到使制造工人无法靠做工维持生活。可是又倘使目前全部不务正业的人以及全部懒汉（他们每个人所消耗的别人劳动的成果就等于两个工人所消耗的）都被分派去劳动，做有益的工作，那么，你不难看出，只需要多么少的工作时间便足够有余地生产出生活上需要与便利（甚至享乐，只要是真正自然的享乐）所必不可少的一切。

乌托邦的经验证明了上述的后一种情况。那儿，每一座城及其附近地区中凡年龄体力适合于劳动的男女都要参加劳动，准予豁免的不到五百人。其中各位摄护格朗特虽依法免除劳动，可是不肯利用这个特权，而是以身作则，更乐意地带动别人劳动。有些人经过教士的推荐以及摄护格朗特的秘密投票，也可以豁免，以便认真进行各科学术的研究。但是如果任何做学问的人辜负了寄托在他们身上的期望，就被调回去做工。相反，往往有这样的事，一个工人业余钻研学问，孜孜不倦，成绩显著，因而他可以摆脱自己的手艺，被指定做学问。正是从一批有学问的人当中，乌托邦人选出外交使节、教士、特朗尼菩尔，乃至总督。在他们的古代语言中，总督叫做巴桑[①]，近来称为阿丹麦[②]。

几乎其余所有居民既不懒散，所忙碌从事的又非无益的工作，因此可想而知，他们制出的好东西多么丰富，花时间又多么节省。除此而外，他们对大多数必需的手艺，不如在别的国家要费那么多工，这也是一个便利。首先，房屋的建成和修理在别处要大批工人经常付出劳动，这是因为一个父亲经营的建筑，他的不知爱惜财力的后人总是任其逐渐颓毁。结果，本是花小钱就可以维修的房子，后人须花大钱另起一幢。而且，甲虽然使用巨款才造成的房子，乙却任意挑剔，不把它看在眼

　　[①]　巴桑（Barzanes）——一说据希腊语指宙斯之子（宙斯乃希腊神话中的主神）。——中译者

　　[②]　阿丹麦（Ademus）——据希腊语为"无国民"之意。——中译者

里，不加爱惜，任其失修倒塌，然后在别处花同样数目的钱另造一所。而在乌托邦土地上，由于一切井井有条，公众福利管理认真，很少见到辟新地建新房。乌托邦人勤于维修房屋，尤其重视事前爱护。从而花的劳动量最小，房屋非常经久，瓦木工有时闲得无事可做，除非在自己家中砍劈木料，同时整修石块，以便一旦有兴土木的需要，可以很快建好房子。

同样，关于服装，也请注意消费的劳动力多么少。首先，他们在工作时间穿可以经用七年的粗皮服，这是朴素的衣着。他们出外到公共场所时，披上外套，不露出较粗的工作装。外套颜色全岛一律，乃是羊毛的本色。因此，毛绒的需要固比他处为少，而且比别处价格低廉。从另一方面说，亚麻布制成较省力，用途也就较广。对亚麻布他们着重的只是颜色白，对毛呢他们着重的只是质地洁。毛头纤细他们不稀罕。所以，在别的国家，一个人有各色的毛衣四五件，又是四五件绸衫，不觉得满足，更爱挑挑拣拣的人甚至有了十件还不满足；而在乌托邦，只一件外套就使人称心满意，一般用上两年。当然，乌托邦人无理由要更多的衣服，因为更多并不穿得更暖和些，也不显得更漂亮。

此所以，既然他们大家忙于有益的手工艺，而且从中取得较少的产品已经足够，他们在一切日用品充沛时，间或调出不计其数的公民修理一切损坏了的公共道路。如果甚至这样的修理都无需要，他们还往往公开宣告减少工作时数。政府并不强迫公民从事多余无益的劳动。乌托邦宪法规定：在公共需要不受损害的范围内，所有公民应该除了从事体力劳动，还有尽可能充裕的时间用于精神上的自由及开拓，他们认为这才是人生的快乐。

关于社交生活

现在似应说明公民如何彼此来往，他们的社会关系的性质，以及物资分配方法。城市是由家组成的，家是由有亲属关系的成员共同居住的。女子成年结婚后，到丈夫家居住。儿子及孙男则住在自己家中，听命于年纪最大的家长，除非他已年老昏聩，这样，他就由次老的人取代其地位。

为使城市人口不过稀也不过密，规定每家成年人不得少于十名，也不得多于十六名。每一个城市须有六千个这样的户，郊区除外。未成年的儿童当然不限定数目。这个限制不难遵守，只须把一户过多的人口抽出，以填补人口不足的一户。如果全城各户人口都已足额，凡有超出数字的成年人可迁移出来，帮助充实其他人口不足的城市。

如全岛人口超出规定的数量，他们就从每一个城市登记公民，按照乌托邦法律，在邻近大陆无人的荒地上建立殖民地。如当地人愿意前来和他们一起生活，他们就与其联合起来。如实行联合，两方逐渐容易地融成一体，吸收共同的生活方式及风俗，对两方都有极大的好处。乌托邦人通过所采取的步骤，使两方都有足以维持生活的土地，而这种土地先前是被当地人认为荒芜不毛的。对不遵守乌托邦法律的当地人，乌托邦人就从为自己圈定的土地上将他们逐出。他们若是反抗，乌托邦便出兵讨伐。如果某个民族听任自己的土地荒废，不去利用，又不让按照自然规律应当依靠这片土地为生的其他民族使用，那么，乌托邦人认为这是作战的绝好理由。

假如乌托邦城市因某种祸灾而人口减少，不能从岛上其他地区取得补充而不损害别的城市的适当人力（据说，这种情形历来只有两次，由于瘟疫流行），他们就从殖民地调回公民充实。他们宁可让殖民地消灭，不愿看到岛上的任何城市削弱。

现在再把话回到公民的彼此交往上。我上面说过，年纪最老的人当家。妻子呢，伺候丈夫；儿女呢，服侍父母。一般说来，年轻人照顾年老人。

每座城市分成四个大小一样的部分。每一区的中心是百货汇聚的市场。任何一户的制品都运到市场的指定建筑物中。各种货物在仓库中是按类存放。每一户的户主来到仓库觅取他自己以及他的家人所需要的物资，领回本户，不付现金，无任何补偿。有什么理由要拒绝给予所需要的物资呢？首先一切货品供应充足。其次无须担心有人所求超出自己所需。有什么理由要怀疑一个人会要求过多的货品，当他确信货品绝不会不够？当然，就一切生物而言，贪得无厌的心，都来自唯恐供应缺乏，可是就人而言，则出于自尊感，即认为显示一下占有的东西超过别人是值得引以为荣的。这种坏风尚丝毫不存在于乌托邦人的生活习惯中。

在我所说的那市场的近旁是食品市场。运到这儿的不但有各种蔬菜、水果、面包，还有鱼，以及可供食用的禽鸟及牲畜。全部血腥污秽在城外专地经过流水冲洗掉，然后从这儿将由奴隶屠宰并洗涤过的牲畜躯体运出。乌托邦人不准自己的公民操屠宰业，认为这会逐渐消灭人性中最可贵的恻隐之心。而且，他们不允许将任何不洁的东西带进城市，以防止空气受腐朽物的污染而引起疾病。

此外，每条街有宽敞的厅馆，位置的距离相等，每一座有自己的专名。摄护格朗特住在这些厅馆里。一个厅馆左方右方各十五户，共管三十户，集中在厅馆中用膳。各厅馆的伙食经理按时到市场聚齐，根据自己掌管的开伙人数领取食品。

在公医院治疗的病人首先得到特殊照顾。在每一个城的范围内，邻近城郊，有四所公医院，都是十分宽大，宛如四个小镇。其目的有二：第一，不管病人有好多，不至于挤在一起而造成不舒适；其次，患传染病的人可以尽量隔离。这些医院设备完善，凡足以促进健康的用具无不应有尽有。而且，治疗认真而体贴入微，高明医生亲自不断护理，所以病人被送进医院虽不带强迫性，全城居民一染上病无不乐于离家住院护理。

病号管理员领到医生对病人所规定的食物后，将最精美的各种饭菜根据各厅馆人数平均分配，但是对总督、主教、特朗尼菩尔，以及外国使节和全部外侨（倘若有外侨的话，不过一般说来，难得有外侨）则是例外地给以特殊照顾。外侨来到乌托邦，有为他们准备好的固定住所。

在规定的午餐及晚餐时间，听到铜喇叭号声，摄护格朗特辖下全部居民便前来厅馆聚齐，住院或在家生病者除外。厅馆开饭后，如有人又从市场领取食品回家，并不禁止。乌托邦人认识到，一个人那样做一定是有原因的。因为虽然任何人在家开伙并不是不允许，但任何人不愿在家开伙。附近厅馆中的饭菜既然如此精美丰盛，一个人却傻到自找麻烦去从事质量差的烹饪，这种做法是被认为欠体统的。

厅馆中或多或少费力而又肮脏的全部贱活都由奴隶承担。但是食物烹调以及全餐的安排由妇女单独担任，由各户妇女轮流。或分三个食桌或分更多的食桌进餐，视全体人数多少而定。男子在餐桌上背墙坐，女子靠外坐，因而后者如感到急痛或不适（怀孕妇女往往不免），便可离座到保姆处而不至于引起秩序搅乱。

保姆带婴儿另在专门指定的餐室里，那儿经常生火，备有清洁用水，还放有摇篮。保姆可以把婴儿放进摇篮，也可以随意解开婴儿包裹，听其在火边自在地游戏。母亲哺育自己的婴儿，母亲死亡或生病者除外。万一母亲死亡或生病，摄护格朗特的夫人很快找来一个保姆，这并非难事。因为凡能对此胜任的妇女无不自愿，出以非常踊跃的心情。这种慈善得到人人赞扬。并且在这种情况下受到抚养的婴儿视保姆如生母一般。五岁以下婴儿都和保姆同住。其他未成年人，其中包括未达结婚年龄男女，或在食桌旁伺候进餐者，或由于年幼不胜任本职则静立一旁。以上两种青年人吃的是从餐桌上递给他们的饭菜，无另外用膳时间。

摄护格朗特和他的夫人坐在首席正中方，这个地方最荣誉，又可以使他们看到全体进膳的人。这个首席是横安在食堂的最尽头。和摄护格朗特夫妇同桌的是两位最年长的公民。他们总是四人一桌。如某一摄护格朗特区设有教堂，教士夫妇便在摄护格朗特席上就座，并担任席长。两旁餐桌是年轻人使用，接下去又是老年人用桌，全食堂的餐桌都是这样互相间隔地排下去，年龄相同的人一桌，又和年龄不同的人交叉。他们说，这样安排，老人们的严肃而可敬畏的威仪足以防止青年言行失检而涉于浪荡，因为他们一言一行都逃不了在场老年人的注意。

食盘并非依次序端上第一席后，再上第二席等等，而是座位显著的老人首先有最好的食品端上，然后其他各桌位才得到平均的分配。如果这种美味分量有限，不能供食堂全体享受，老人可随自己意将他的美味分给邻座的人。因此，老年人受到理所应得的尊敬，其余的人也平均沾光。

午餐及晚餐开始前，有人先读一段书，劝人为善，但内容简短，不至于令听者厌烦。老人就按这段书的提示，引出认为适当的话题，调子是开朗的而且略带风趣的。但老人并不终席自己长篇大论，也乐于听青年发言，甚至故意引出他们的话，以便在进餐时谈话的轻松气氛中考验每一青年流露出的才华及性格。

午膳时间不算长，晚膳时间倒长些，因午膳后须工作，而晚膳后则是就寝，整夜休息。乌托邦人认为一夜的安眠大有助于肠胃消化。每逢晚膳，必有音乐，餐后的甜点心极为可口。他们燃香，喷洒香水，尽力之所能使所有的人心情愉快。他们总是宁可认为：一切无害的享乐都不应该禁止。

他们在城市中便是这样共同生活。然而在乡村中，由于大家的住处彼此相隔辽远，各人就在自己家中进餐。任何一户都有一切食品的供应，原来城市中人吃的东西也是全部来自乡村老百姓那儿。

关于乌托邦人的旅行等等

凡想到另一城市探望朋友或是从事游览的公民，可以很容易地得到摄护格朗特及特朗尼菩尔的准许，除非有充分理由不让他们去。因此，一批出行者组成出发，持有总督的文件，证明他们获得准许外出，上面规定了回来的日期。他们可领得一挂车，一名赶车驾牛的公共奴隶。不过如旅伴中无妇女，他们总是退车，认为有车反而累赘不便。他们在旅行全程中，什么都不带，却什么也不缺乏，因为到处像在自己家里。如他们在任何地方住留一天以上，每人就在当地干自己那一行的活，受到同业殷勤的款待。

任何人擅自越过本城辖区，被捕经查明未持有总督的文件后，遭遇是很不光彩的；他作为逃亡者被押回，严重处罚。任何人轻率地重犯这个罪行被贬做奴隶。

任何人如想到本城的郊区观光，只要自己的父亲允许，妻子赞同，不在禁止之列。不管他来到乡村中任何一个地区，他必须做完当天上午的活儿或晚餐前照例须做的活儿，然后他受到伙食款待。一个人只要遵守这个条件，可以随意访问本城辖区内任何地方。这样，他就如同仍然在那个城市中一样地作出贡献。

由此你可以看出，不管在哪儿，不容许浪费时间或借口逃避工作。他们没有酒馆和烈性饮料店，没有妓院，没有腐化场所，没有藏垢纳污的暗洞，没有秘密集会的地方。相反，在众目睽睽之下，人们必须干通常的活，或是正当地消磨业余时间。既然这是一般风尚，所有的商品就势必异常丰富。商品又是在全部居民中均匀分配，任何人不至于变成穷人或乞丐。

在亚马乌罗提的元老院会议上（上面我说过，每座城市每年派来三名代表出席），他们首先确定某一特殊地区哪一类商品充足，然后又确定岛上哪些地区粮食歉收。他们立即在两地之间以有余济不足。这是无补偿的供应，他们不向受济的一方有所需索。凡从自己的储存无报酬地支援某城市的人们，也可以从另一城市免费地取得他们所缺乏的任何东西。所以全乌托邦岛是一个家庭。

当乌托邦人做到本身供应充足后（由于第二年收成不可前定，他们要有两年的储备，才认为供应完成），他们将剩余运销到别的国家，有大宗谷物、蜂蜜、羊毛、亚麻、木材、大红和紫色染料、生皮、黄蜡、油脂、熟皮，以及牲口。他们把上述产品的七分之一送给这些国家的贫民，余下的廉价出售。

通过这样的交易，他们运回自己缺乏的商品（实际上缺乏的只有铁一项），而且运回大量金银。这样的贸易日复一日继续下去已经很久，以致他们国内到处都有大量金银，多到令人难以相信。结果，他们目下毫不计较是售货取得现款，还是用赊欠办法。实际上，他们是用赊欠出售大宗货物。然而他们对于一切信贷交易，不信任私人，必须有城市当局出面，照例签订合法文件。到了付还款项的一天，该城市当局向私人债户收齐欠款存入公库，在乌托邦人提取以前可将其作为资金使用。

其中大部分债务，乌托邦人从不索偿。这笔钱他们用不着，对别人却有用，因此他们认为将其从别人取去是不公平的。但如发生一种情况，使他们必须将这笔款项的一部分借给另一国家，他们就收回债款。当他们必须作战时也是如此。其唯一目的是，将他们所有的金钱储存在国内，作为极端危急时或突然事变中的保障。他们尤其用这些钱付出异乎寻常的高价招募外国雇佣兵（乌托邦人宁可使这种人上阵冒险，不肯使用本国公民），深知只要有大量钱币，甚至可以收买和出卖敌人，或使其互怀鬼胎或公开动武而彼此残杀。

出于以上军事的理由，乌托邦人储存了大宗金银，但不仅仅是作为金银。他们如何收藏金银，说出来实在令我感到难为情，唯恐我所说的难以取信。我的唯恐心理更证明是正当的，因为我明白，如果我未到过乌托邦亲眼看到这一现象，我也难以从别人的报告就对那点信而不疑。几乎不可避免地这是一条通例：听者对于自己越不习惯的东西，越是不信。然而一个看问题不偏的人既发现他们制度的其他一切方面与我们是如此不同，也许就不会那么觉得奇怪何以他们使用金银的方式适合于他们的生活习惯，而不必适合于我们的生活习惯。如上所说，他们自己不用钱，而是保存它以应付可能发生而又可能永不发生的突然事件。

同时，他们看待铸钱的金银，都只按其本身真实性质所应得的价值，不超过这个价值。尽人皆知，金银的有用性远逊于铁。无铁，犹如无火无水，人类难以生存。自然所赋予金银的全部用途，对我们都非必要，假如不是由于人们的愚蠢而被看成物稀为贵。相反，自然如同仁慈而宽容的母亲一般，使一切最有用的东西都显露出来，像空气、水以及土本身，可是把所有空虚无益的东西尽量远之又远地从人类隔离开。

如果金银在乌托邦是锁藏在一座塔中，一般人出于胡猜乱想，会疑心这是总督及议事会的骗人诡计，企图自己从中取利。如果乌托邦人又将金银制成饮器以及类此的精巧工艺品，然后有必要又将其悉数熔毁以支付军饷，那么，他们明白，作为器皿的主人的老百姓是不愿让出一度心爱的东西的。

乌托邦人有鉴于此，想出一种符合于他们的其他一切制度的办法。我们如此重视黄金，如此小心翼翼地保护它，因此那个办法和我们的制度绝无相同之处，除身历其境者外，也无人相信。原来乌托邦人饮食是用陶器及玻璃器皿，制作考究而值钱无几；至于公共厅馆和私人住宅等地的粪桶溺盆之类的用具倒是由金银铸成。再则套在奴隶身上的链铐也是取材于金银。最后，因犯罪而成为可耻的人都戴着金耳环、金戒指、金项圈以及一顶金冠。乌托邦人就是这样用尽心力使金银成为可耻的标记。所以别的民族对于金银丧失，万分悲痛，好像扒出心肝一般；相反，在乌托邦，全部金银如有必要被拿走，没有人会感到损失一分钱。

乌托邦人在海滨捡珍珠，在某些崖壁上采钻石宝玉。他们并非有意找这种东西，而是偶然碰到后，打磨加工一番，给小儿做装饰品，幼小的儿童为此得意，等稍微长大以后，发现只有孩子佩戴这类玩物，便将其扔掉，不是出于父母的劝告，而是自己过意不去，如同我国的儿童一旦成人也扔掉弹子、拨浪鼓以及洋娃娃。

乌托邦制度和别国制度如此不同，因而思想感情截然相反。在这方面，阿尼蒙利安人[①]派来的外交使节们的例子，使我获得深刻理解。他们到达亚马乌罗提时，我正在那儿。因为他们有要事前来商谈，乌托邦每座城市已有三位代表事先在此聚齐。凡过去光临过的邻近各国使节都深悉乌托邦风俗，知道华服盛装不受重视，丝绸被看成贱品，黄金是可耻的标志。所

---

① 阿尼蒙利安人（Anemolians）——源于希腊语，意谓刮风的，吹牛的，虚浮的。——中译者

以这些外交官来时总是穿得异常朴素。可是阿尼蒙利安人住得较远，和乌托邦人素少交往。他们因听说在乌托邦大家衣服一样，而且料子粗陋，便认定乌托邦所不用的东西也就是乌托邦人所没有的东西。他们是高傲有余而聪明不足的人，决心用豪华的装束把自己打扮成天神一般，叫穷酸的乌托邦人在这般宝光四射的装扮前眼花缭乱。

于是那三个使节堂堂皇皇地进入乌托邦，随从一百名，无不穿五颜六色的衣服，大部分用丝绸制成。三位使节本人在自己的国家是贵族，故穿的金缎，戴着重金项圈及金耳环，手上有金戒指。他们的帽子上饰有成串的珍珠及宝石。他们打扮自己的全部东西恰是在乌托邦用来处罚奴隶，污辱罪犯，以及给儿童开心的。当阿尼蒙利安人自鸣得意，把身上的华装和涌到街头看他们走过的乌托邦人的衣服相比时，那幅景象煞是可观。而注意一下，他们充满乐观的期望多么毫无根据，他们想为自己获得重视又多么毫不受重视，这也是同样有趣的。在所有乌托邦人眼中（除了少数因事出过国的以外），这种华丽的排场是丢脸的。因此他们把使节团体中最下等的仆从当做主人来敬礼，把使节本人当做奴隶，因为使节戴着金链，走过时受不到任何敬意。

是呀，你还可以发现，那些已经扔掉珍珠宝石的儿童见到这些使节帽子上有珍珠宝石，都轻推他们的母亲说：

"看，妈妈，多么大的傻蛋，还戴珍珠宝石，真是小孩子一般！"

可是母亲们也当起真来，会说：

"莫作声，孩子，我想那是外国使节身边的小丑吧。"

又有些乌托邦人对那些金链诸多挑剔，说太细，不合用，容易被奴隶挣断，并且太松，奴隶可任意把它摔脱，溜之大吉。

这些使节在乌托邦住上一两天后，发现那儿金银无数，毫不值钱，被视同贱物，与他们自己珍视金银的情形正相反。他们又看到，一个逃亡奴隶身上链铐所用的金银比他们三个使节全部打扮的金子还要多。他们因此神气沮丧，羞愧万分，不得不把使自己傲慢出风头的华丽服饰全部收捡起来，尤其是在和乌托邦人亲切交谈因而了解其风俗和见解之后。

乌托邦人认为奇怪的是，一个人可以仰视星辰乃至太阳，何至于竟喜欢小块珠宝的闪闪微光。他们认为奇怪的是，竟有人由于身上穿的是细线羊毛衣，就大发狂想，以为自己更加高贵；其实不管羊毛质地多么细，原来是披在羊身上的，一只羊终归还是羊。

乌托邦人又觉得奇怪的是，黄金从其本身性质说毫无价值，竟在世界各地目前如此受到重视，以致人比黄金贱得多，而黄金之所以那样昂贵是由于人力所致以及供人使用所致。这是非常实在的情况，所以一个木偶般的傻子，不正直，不懂事，只因为他手头有非常多的金币，就可以奴役大批聪明人和好人。然而如果由于某种运道或是某种法律骗局（这种骗局如运道一样易于使贵者贱者互换地位），黄金从其主人手中转到他全家最卑微的杂役手中，这个主人无疑不久会去伺候他的旧仆人，似乎他是金币的附属品或外加物。而乌托邦人更感到惊奇而且也憎恨的是某些人的疯狂，这些人给富人几乎以神圣的荣誉，只是由于富人有钱，他们自己既不欠富人的债，也并非在富人权力掌握之中。这些人又很清楚富人吝啬小气，深信富人只要还活在世上一天，绝不会从成堆现钱里取出一分钱给他们。

乌托邦人的这些见解以及类似见解是从他们的教养形成的。他们是在这样一个国家培养起来的，那儿的制度和上面说的那种愚昧无知是完全格格不入的。同时这些见解来自他们的学习和有益图书的阅读。每个城市中可免除其余一切工作以便专门从事学术工作的人（即从小被发现性格特殊、聪明不凡并爱好学问的人）固然为数不多，然而所有儿童都被引导读有益的书。大部分公民，无分男女，总是把体力劳动后的剩余时间一辈子花在学习上，这在上面已经提到。

他们通过本国语学习各科知识。这种语言既词汇丰富，又发音悦耳，是表达思想的准确工具。它和分布在那个世界的广大地域上的语言几乎相同，所不同的仅是，在其他各地这种语言有不同程度的形式讹误。

旧世界一切著名的哲学家在我们到达以前对他们全是陌生的。但是在音乐、论证、算术以及几何各个领域，他们的发现几乎赶得上我们的古典哲学家。然而尽管他们在几乎其他一切学科方面可以和古人相提并论，他们远不如我们的新逻辑学家有所创造。关于我们的儿童在"小逻辑"这一科中普遍要学习的限制、扩大、假定等我们独创出的各条规则,乌托邦人还未发现其中的任何一条。关于"再概念",乌托邦人也未能对之进行思考,以致都无从认出人本身作为一般化的概念,虽然如你所知道的,这样的人比任何巨人还更巨大,也可以用我们的手指指出。

然而乌托邦人对星辰的运行,天体的运动,极有研究。而且他们巧于发明各式仪器,用于十分精确地观测日月的运行及部位,观测地平线上出现的一切星辰的运行及部位。至于星辰相生相克,总之,用星辰占卜的一切可耻胡说,他们做梦也没有想到过。

他们从长期实践所发现的确切征兆能预测风雨及其他一切气候变化。关于上述各种现象的起因,以及潮汐何以形成,海水何以含盐,总之关于天体和宇宙的起源及本质,他们的论点部分地和我们古代哲学家的论点一致。我们古代哲学家相互之间有一定程度的分歧。同样,他们在采用新理论中既部分地和所有古代哲学家发生意见分歧,而对所有的问题又本身缺乏统一的看法。

在哲学上论及道德的部分,他们所进行的争论和我们相同。他们探究灵魂上、肉体上以及外部才能的善。他们又提出这样的问题:善这个名称是应用于以上所有三者呢,还是专门应用于灵魂的特性。他们讨论德行及快乐,但他们主要的辩论是,构成幸福的是什么,是一件事物,还是几件事物。关于这个问题,他们似乎过分倾向于某一学派,认为构成人类的全部或主要幸福的是快乐。

尤其令人惊讶的是,他们竟援用他们的宗教为这种软弱无力的学说作辩护,而他们的宗教则是认真的,严峻的,几乎是一本正经的,冷酷无情的。他们一讨论幸福问题,总是把哲学的理性和宗教的原则联系上。他们认为,没有这些原则,理性本身就削弱到不足以展开对真正幸福所在这一问题的研究。这些原则可举例如下。灵魂不灭,灵魂由于上帝的仁慈而生来注定享有幸福。我们行善修德,死后有赏;我们为非作恶,死后受罚。这些固然是属于宗教的原则,然而乌托邦人主张,理性使人们承认这些原则。

一旦取消这些原则,乌托邦人便毫不迟疑地主张,一个人如不千方百计追求快乐,便是愚笨的,只不过他须力求不要贪图小的快乐而妨碍大的快乐,也不要贪图会招致痛苦后果的快乐。追求严峻艰苦的德行,不但不尝人生的甜蜜,甚至甘愿忍受不会带来好处的痛苦,乌托邦人认为这是极不明智的行为。因为如果某人一生过的不快乐的日子,即是说,潦倒不堪,而死后并不因此得到任何酬报,这怎能谈得上有好处呢?

实则乌托邦人主张,构成幸福的不是每一种快乐,而只是正当高尚的快乐。德行引导我们的自然本性趋向正当高尚的快乐,如同趋向至善一般。相反的一个学派把幸福归因于至善。乌托邦人给至善下的定义是:符合于自然的生活。上帝创造人正是为了使其这样地生活。乌托邦人说,一个人在追求什么和避免什么的问题上如果服从理性的吩咐，那就是遵循自然的指导。

而理性首先是在人们身上燃起对上帝的爱和敬，我们的生存以及能享受幸福都是来自上帝。其次，理性劝告和敦促我们过尽量免除忧虑和尽量充满快乐的生活；并且，从爱吾同胞这个理由出发，帮助其他所有的人也达到上面的目标。从无一个人是那么严峻的德行实践者又兼快乐厌绝者，以至于强迫你工作、值夜、劳累，而不同时劝你尽力减轻别人的贫穷和困苦。他会以人道主义的名义，认为我们照顾到别人的康乐幸福，才是值得赞扬的——如果减轻别人的痛苦，使他们去掉生命中一切悲哀而恢复了享乐，这尤其是合乎人道主义的话（而人道主义是人所最特有的德行）。既然如此，自然为什么不应该要求我们每人也这样对待自己呢？

或者，舒适的亦即快乐的生活是坏事，那么，你不但不该帮助任何人过这种生活，并且要尽量使人人摆脱这种被认为有害的生活。又或者，你不但可以而且应该为别人求得舒适的亦即快乐的生活，认为这种生活是好的，那么，你为什么不应该首先自己过这样的生活呢（你总不能厚于别人而薄于自己）？当自然吩咐你善待别人，它不是反而教你苛待自己。乌托邦人认为，自然指示我们过舒适的亦即快乐的生活，作为我们全部行为的目标。乌托邦人把德行解释为遵循自然的指示而生活。

因此，自然号召人人相互帮助以达到更愉快的生活。（它这样号召无疑有充分理由，因为没有一个人会比任何人都更幸运，成为得到自然照顾的唯一对象。自然对赋予同样形体的一切人们是一视同仁的。）所以，自然教你留意不要在为自己谋利益的同时损害别人的利益。

以此乌托邦人认为不但私人间合同应该遵守，而且应该遵守关于生活物资亦即取得快乐的物质的分配上的公共法令，这种法令或是贤明国王公正地颁布的，或是免于暴政和欺骗的人民一致通过的。在这种法令不遭破坏情况下照顾个人利益，才是明智的。此外你的义务标志是关心公众的利益。为了自己得到快乐而使他人失去快乐，这当然是有失公平的。相反，取去自己的部分所有，将其转让给他人，这是具有人道主义和仁慈的意义的，由此而获得的回报的实惠是大于施给的实惠的。这从两方面取得酬报：对方回报的利益，自己意识到做了好事。当我们回忆起从我们得过好处的人对我们怀有友爱及善意，我们心头所产生的愉快，远非我们放弃了的肉体愉快所能比得上。最后——这是信宗教的人所易于接受的——为了代替短暂的小快乐，上帝给予永恒的大快乐。因此，乌托邦人经过对这个问题的认真的考虑和权衡，主张我们的全部行为，包括甚至道德行为，最后都是把快乐当做目标和幸福。

所谓快乐，乌托邦人指人们自然而然喜爱的身或心的活动及状态。他们把人们的自然爱好包括在内，这是对的。由于官能和正当理性所要达到的是任何天生愉快的事物——即任何事物，追求时未通过不正当手段，未丧失更为愉快的事物，未招致痛苦的后果——因而他们认为，任何事物，如果虽然违反自然，人们却一致不切实际地设想，以为那是使他们感到甜美的（好像他们有权改变事物的性质，如同有权改变事物的名称一样），那么，这种事物不但不能导致幸福，甚至还严重地阻碍幸福。其理由是，这种事物一经在某些人身上生根，在他们心头便会留下牢固的关于快乐的谬见，无接受真正快乐的余地。实际上，许多事物从本身性质说并不甜美，而且大部分还带有不少苦味，可是由于坏欲望的诱骗，这样的事物岂止被看成至上的快乐，简直是生命所以具有价值的一些主要原因。

在追求虚假快乐的这一伙人中，乌托邦人把我先前说及的那般家伙包括在内，他们以为穿的衣服越高级，自己也就越高级。在这点上，他们犯有双重错误：认为身上穿的衣服高级并认为自己高级，都是骗自己。从衣服的实用观点看，细毛线为什么就优于粗毛线呢？可是，好像二者高下之分决定于羊毛的性质，并非他们弄错。他们就不可一世，相信自己身价倍增。因此他们如穿着欠讲究时所不敢觊觎的荣誉，他们竟然要求了，好像一披上华服，就理应有荣誉。如果受到怠慢，他们便勃然大怒。

把空虚无益的荣誉看得那么重，这岂非又是同样愚蠢？别人对你脱帽屈膝能给你什么自然而真正的快乐呢？这个举动能治好你的膝盖痛和纠正你的精神失常吗？人们从这种关于虚假快乐的观念中显示出一种奇异而惬意的疯狂，这种人自认为是高贵的，并以此自负，为自己捧场，原因是有幸出身于某祖宗的后裔，屡世享有财名——因为当今的高贵门第都不外乎此——尤其富有地产。即使这种人的祖先不曾遗留下一方呎地，即使这种人把遗留给自己的产业挥霍得一干二净，他们还自以为完全同样地高贵。

乌托邦人将其归于上述这类分子的还有一种人，如我所说过的，他们贪爱珠宝成痴，如果获得上等珠宝，特别是当时他们国中公认的最值钱的货，就俨然以天神自居。一块宝石并非随时到处都估价很高。所以他们如果买宝石，一定要先将其从金镶底座取下，使其本色毕露，还必须出售人发誓保证那是地道正路货，唯恐珷玞冒充真玉弄花了他们的眼睛。可是如果你不能辨别真假，冒牌宝石何以使你不会一样满意呢？是真是假应该对你同样地可宝贵，如同是对一个瞎子呀。

又有一种人以聚积多余的财富为乐事，只供过目欣赏，不肯把钱花掉。对他们该怎样评论呢？他们是享有真的快乐抑是为虚假的快乐所欺骗？还另有一种人，他们有不同的想法，把金子藏起来，永不使用，甚至永远不再过目，唯恐失掉金子，倒是这样的确把它失掉了。对这种人又怎样评论呢？他们有金子不用，可能不许任何人去用，只把它埋在地里，这不是失掉它又是什么？然而他们可以对着窖藏的财宝感到十分得意，好像心上没有值得挂虑的事情了。假设一个小偷挖去金子，主人毫无所知，过了十年后才离开人世；当金子失窃而主人还健在的这十年中，究竟金子是被偷了或是很安全，对主人有什么关系呢？在任何情况下，这批金子对主人毫无用处。

沉迷于这类愚蠢乐趣中的人，乌托邦人以为还有骰子赌客（乌托邦人对这种赌客的狂病未曾目睹，仅得之传闻），以及打猎放鹰之徒。乌托邦人不明白，在桌上掷骰子有什么可娱乐的。你经常掷骰子，即使其中有一些乐趣，积久总要生厌。至于听到一群猎狗狂吠大叫，除掉令人反感，难道反而满意？狗追兔比狗追狗何以使你更高兴？两者有一点相同，那就是追逐，而你只要看到飞奔就会开心的。

可是假如你希望看到的是杀戮以及生物血肉横飞的景象，那么，在你面前，一只逃命的懦弱天真小兔给一只凶猛残忍的狗撕碎，这倒应该激起你的同情呀。所以乌托邦人把打鸟猎兽的全部活动看成不宜于自由公民，交与屠宰夫去干。我在上面曾提及，乌托邦人令奴隶操屠宰业。他们认为，打猎是屠宰业最下贱的一个部分，这个行业的其他职务较为有用和正当，因为对我们有较积极的好处，并且出于必要才屠宰牲畜。而猎人所追求的只是从杀死杀伤可怜的动物取乐。即使对象是野兽，它们流血被人当成好看的场面，据乌托邦人判断，这是由于我们生性残忍，或是由于经常从事这种野蛮的取乐而最后堕落成残忍的人。

尽管普通人把这些以及所有类似的消遣看成乐事，而这类的人是无数的，乌托邦人却明确主张这一切丝毫不构成真正的快乐，从本质说其中没有任何令人惬意之处。普通人从这些消遣得到享受，而享受是快乐的功能。但这个事实改变不了乌托邦人的意见。因为享受不是来自事情本身的性质，而是来自那些人反常的习惯，这种习惯使他们以苦为甜，犹如一个孕妇口味坏了会觉得树脂和兽脂比蜂蜜更可口。然而任何人从不健康状态以及从习惯所形成的判断,都不可能改变快乐的性质,如同不可能改变其他任何东西的性质一样。

乌托邦人所承认的真正快乐分为各类,某些快乐是属于精神的,又一些是属于肉体的。属于精神的,他们认为有理智以及从默察真理所获得的喜悦。此外,还有对过去美满生活的惬意回忆以及对未来幸福的期望。

他们分身体的快乐为两类。第一类是人能充分感觉到的鲜明的愉快。有时,由于自然热而亏损了的某些器官得到恢复,就产生愉快。这些器官是通过饮食而回到原状的,有时愉快来自排泄掉体内过剩的东西。当我们或是拉屎,或是夫妇行房,或是搔痒抓痛,都会有这样的快感。然而我们不时感到一种快乐,既不起于恢复身体某部的亏损,又不是来自任何苦痛的消除,而是由于有某种东西,它触动我们的官能,使它感到一种秘密的非常动人的力量,吸引住它。这就是从音乐产生的快乐。

另一类身体的快乐,按照乌托邦人的意见,在于身体的安静以及和谐。这其实是指每人享有免于疾病侵扰的健康。苦痛不入的健康本身即是快乐之源,虽然并无从外部所引起的快乐。比起饥渴者强烈口腹之欲,这种快乐诚然不那么明显地被感觉到,可是许多人承认健康才是最大的快乐。几乎全部乌托邦人把健康看成最大的快乐,看成所有快乐的基础和根本。只要有健康,生活就安静舒适。相反,失去健康,绝对谈不上有快乐的余地。在没有健康的情况下而不觉得痛苦，乌托邦人认为这是麻木不仁而不是快乐。

他们早就否定某些人的观点，即安静的健康生活（因为他们也就这个问题展开过热烈讨论）不能算是快乐，因为只有通过来自外部的运动，才可能感到这种快乐的存在。然而他们今天几乎一致认为健康最能导致快乐。他们质问，既然疾病带来痛苦，痛苦是快乐的大敌如同疾病是健康的大敌，为什么在恬静的健康中我们看不出快乐呢？乌托邦人觉得关于疾病即是苦痛或疾病带来苦痛这个问题是不重要的，因为两者的结果是一码事。当然，如你认为健康即快乐或健康是快乐的不可少的起因，犹如火是热的必要的起因，那么，两种情况下的结论都是：享有永远健康的人不可能不享有快乐。

乌托邦人还说，我们进食时不是健康开始不支、与食物联成友军向饥饿作战吗？等到健康逐渐加强，重新获得通常的活力，这就使我们从恢复健康中取得快乐。健康既然兴高采烈地作战，能不为胜利而喜悦吗？当健康终于达到作战目的，即恢复固有的元气，难道它便马上麻木起来，对自己的好处熟视无睹吗？关于健康无从被感觉到的断言，乌托邦人认为那是全然与事实不符的。他们说，一个人在觉醒时（除非他是丧失了健康的）怎会不意识到自己很健康呢？谁会如此麻木不仁，毫无生气，以至于否认健康对他是惬意可喜的呢？所谓可喜不就是快乐的别名吗？

总而言之，乌托邦人特别不肯放过精神的快乐，以其为一切快乐中的第一位的、最重要的。他们认为主要的精神之乐来自德行的实践以及高尚生活的自我意识。至于身体的快乐,他们首推健康。饮食可口,以及诸如此类的享受,他们喜欢,然而只是为了促进健康。这种享受本身没有令人向往之处,而仅是由于其能抵抗疾病的侵袭。一个明智人力求避免生病,而不是病后求医;总是使痛苦不生,而不是寻求减轻痛苦的药。同样,与其享乐于前,后果难堪,何如不要这种享乐。

如有人主张这种享乐构成他的幸福,他就势必承认只有过这样的生活,不断饥渴,不断吃喝,不断发痒,不断用指甲挠,那才算非常幸福。谁不知这样的生活是可厌而悲惨的呢?那些快乐是最低级的、最不纯的,因为伴随这种快乐的绝不能没有痛苦作为其对立物。例如进食的快乐和饥饿有联系,而且两者不均衡,痛苦较强烈而且更持久。痛苦产生于快乐之前,直到快乐和它一同消失它才结束。乌托邦人认为对这种快乐不应给以过高的评价,除非有必要。然而他们也还是享受这种快乐,并且感谢大自然母亲仁慈为怀,非常亲切地引导她的儿女使用经常必需的一切。倘使我们每天用以治疗饥渴的,正是医治其他所有较罕见病的苦毒药物,我们的生活应该是多么的难堪。

美观、矫健、轻捷,这些是乌托邦人视为来自大自然的特殊的令人愉快的礼品而高兴地加以珍视。甚至按大自然意旨为人类所独有的耳眼鼻之乐(因为其他任何生物都不能领会宇宙的灿烂外观,除选择食物外不能闻香味,不辨音程和谐与不和谐），他们也去追求，将其作为生活中的愉快的调味品。但是他们对这一切订出这样的限制：不因小快乐而妨碍大快乐，不因快乐而引起痛苦后果。乌托邦人认为，低级快乐一定带来痛苦后果。

可是，鄙视美观，损害矫健的体力，变轻捷为迟钝，因节食而伤生，糟蹋自己的健康，以及摒绝大自然的其他一切恩典（除非一个人忽视自己的这一切利益以便更热心地为别人或公众谋取快乐，期望由于这样的牺牲，上帝会给他更大的快乐——否则所以苛待自己乃是为了博得有关德行的虚幻名声而又无益于任何人，或是为了锻炼自己，使自己更能忍受从不会到来的困苦），乌托邦人认为这种态度是极度疯狂，是对自己残忍而对自然忘恩负义的一种心境的标记，这种心境不屑于感谢自然，因而拒绝从自然来的任何好处。

以上是乌托邦人对德行及快乐的看法。他们认为人类理智不可能达到比这更正确的意见，除非一个天赐的宗教给人们提示一个更神圣的意见。乌托邦人的看法对不对，我们没有研究的时间，也无研究的必要。我们的任务是描述他们的有关原则，不是给以辩护。但我坚信，不管你怎样评价他们的观点，世上没有比他们更优秀的民族和更幸福的国家。他们的体态轻捷活泼，单看其身材，你想不到他们都那么强壮，虽然他们的个子并不矮小。尽管他们的土地不太肥，气候不太好，但他们生活有节制，使寒暑无从侵袭他们，并且努力耕作，土质从而得到改善。由于此，这儿是世界上粮食最丰产、牲畜最兴旺的国家，它的人民也是体格最健和生病最少的。在乌托邦，你不但可以看到通常的农活进行得多么仔细，使天然瘠土因人力加工而有所改良，还可以看到一整座树林被人用手连根拔出从甲地移植乙地。这不是为了繁殖树木，而是从便于运输出发，使树源近海、近河或近城市，因为从陆路运木材比运粮食更费力。

这儿的人民一般自由不拘，性情温和，聪明伶俐，生活从容。每当必要，他们都耐心参加体力劳动，否则不一定喜欢这种劳动。对于从事智力探讨，他们从不知疲倦。在听到我们谈起希腊文学及学术后（拉丁语中只有诗歌及历史似乎大受他们的赞赏），他们渴望我们能进行讲解，以便他们掌握。这是令我们感到惊奇的。

于是我们给乌托邦人公开讲课，一开始仅为了表示不是不愿担任这项麻烦工作，但不希望有什么效果。然而经过短短的进程，由于他们勤勉向学，我们深信我们认真讲授不是徒劳的。他们很容易学会了希腊字母写法，单词发音无困难，记得牢固，学过的东西能正确无误地背诵出来。我们为之惊讶不已。原因是他们大多数是有学问的人，根据能力选出，并且已达到成熟的年龄，又由于自愿来学而积极性高，同时也按议事会的指示负有学习的任务。在不到三年的时间，他们精通了希腊文，能毫不困难地阅读名家作品，除非遇到原文有讹误。依我的推测，他们攻希腊文学不太费力，乃由其和他们自己的文学颇近。我觉得这个民族的祖先是希腊人，因为所操语言虽然几乎全部和波斯语相似，但在城名及官名中保留

VTOPIENSIVM ALPHABETVM.

```
a  b  c  d  e  f  g  h  i  k  l  m  n  o  p  q  r  s  t  u  x  y
Ȯ  Θ  Ⓓ  ⓓ  Ө  Ө  Ɔ  Ⴖ  ʊ  ȣ  Δ  ⌐  L  Г  ⅂  ◻  Ⴂ  Ⰲ  Ⴌ  Ⴍ  Ⴎ  Ⴏ
```

TETRASTICHON VERNACVLA VTOPIENSIVM LINGVA.

Vtopos   ha   Boccas   peula   chama.

polta   chamaan

Bargol   he   maglomi   baccan

soma   gymnosophaon

Agrama   gymnosophon   labarem

bacha   bodamilomin

Voluala   barchin   heman   la

lauoluola   dramme   pagloni.

HORVM VERSVVM AD VERBVM HAEC EST SENTENTIA.

Vtopus me dux ex non insula fecit insulam.
Vna ego terrarum omnium absque philosophia
Ciuitatem philosophicam expressi mortalibus.
Libenter impartio mea, non grauatim accipio meliora.

乌托邦人的字母表

着希腊语痕迹。

当我们准备第四次出航时,我未在船上装出售的货物,而是放进一大捆书,决心永远不从那儿返航,而不是下次再来。乌托邦人从我取得柏拉图著作的大部分,亚里士多德①论述数种,以及西俄夫拉斯塔斯②关于植物的书。不幸最后一种部分残缺,因在航程中未注意保管,为一只猴子发现,取去瞎开心,撕碎和扯坏了各章节中共好几页。至于我们的语法家,乌托邦人只有拉斯卡里③的书,因为我未将狄奥多④的书带来。他们只有黑西基阿斯⑤及代俄斯科里提斯⑥两家的词典,别无其他的。他们爱读普鲁塔克⑦的作品,为琉善⑧的妙语趣谈所

---

① 亚里士多德(Aristotle,公元前384—前322)——古希腊哲学家,柏拉图弟子,有著述多种留传。——中译者

② 西俄夫拉斯塔斯(Theophrastus,公元前约371—前约287)——希腊哲学家,留传到今天的著述有关于植物的两种。——中译者

③ 拉斯卡里(Constantine Lascaris)——十五世纪希腊学者,1453年后定居意大利,所著《希腊语法》为用希腊字体印刷的第一本书。——中译者

④ 狄奥多(Theodorus,1398—1478)——所著希腊语法1495年印行,受到高度的评价。——中译者

⑤ 黑西基阿斯(Hesychius)——四世纪或六世纪希腊语词典编辑家。——中译者

⑥ 代俄斯科里提斯(Dioscorides)——五世纪至六世纪间希腊语词典编辑家。——中译者

⑦ 普鲁塔克(Plutarch,约46—约120)——著有《希腊及罗马名人对比传记》,甚有名,此处兼指其所著《伦理杂文集》。——中译者

⑧ 琉善(Lucian,约115—约200)——古希腊讽刺作家。

吸引。就诗人说,他们有阿里斯托芬①、荷马②、幼里披底斯③以及阿尔德④用小号字排印的索福克里斯⑤。至于历史家,他们有修昔底德⑥、希罗多德⑦,还有赫罗提安⑧。

此外医药书方面,我的同伴特里西阿斯·阿彼奈德⑨带来了希波克拉底⑩的若干短篇论文,以及伽楞⑪的《小技艺》。乌

---

① 阿里斯托芬(Aristophanes,公元前约448—前约380)——古希腊喜剧家。——中译者

② 荷马——相传为古代希腊史诗《伊利亚特》(Iliad)及《奥德赛》的作者。两首史诗可能为早于公元前七世纪的作品。——中译者

③ 幼里披底斯(Euripides,公元前约480—前406)——古希腊悲剧家。——中译者

④ 阿尔德(Aldus,1450—1515)——意大利威尼斯城印刷家,所印希腊语及拉丁语作品,校对精确,售价低廉,版式方便。他并首次用斜体字。——中译者

⑤ 索福克里斯(Sophocles,公元前496—前406)——古希腊悲剧家。——中译者

⑥ 修昔底德(Thucydides,公元前约460—前约400)——古希腊历史家,著有《伯罗奔尼撒战争史》。——中译者

⑦ 希罗多德(Herodotus,公元前约480—前约425)——古希腊历史家,所处理的题材是公元前490—前479年间希腊同波斯间的战争。——中译者

⑧ 赫罗提安(Herodian,约165—约250)——用希腊语写作的叙利亚人,记述关于罗马皇帝的史实,从马可·奥里略(Marcus Aurelius,161—180年在位)逝世时起到238年止。——中译者

⑨ 特里西阿斯·阿彼奈德(Tricius Apinatus)——杜撰词,意谓无聊的人。——中译者

⑩ 希波克拉底(Hippocrates,公元前约460—前约377)——古希腊医生,医药著述家。——中译者

⑪ 伽楞(Galen,约129—199)——古希腊医生,曾任罗马皇帝马可·奥里略的御医。《小技艺》为其最流行的一种通俗医学著述。——中译者

托邦人很重视这些书。虽然在世界各国中，乌托邦对医药的需要最少，但乌托邦人最尊重医药，因为他们认为医学是最高深和最切于实用的学问的一种。当他们借助于这门学问对自然的秘密进行探索时，他们觉得不仅工作使他们十分愉快，而且自然的创造者和制造者还给他们以极大的称许。他们设想，这个创造者和制造者如其他所有的工匠一样，陈出宇宙的可见的结构，供人类观察，单独赋予人类以鉴赏这个神妙事物的本领。由于此，这个创造者和制造者所特别喜爱的，是留心认真观察并赞赏他的成品的那种人，而不是另一种人，像畜生般冥顽不灵，在这样伟大庄严的景象前显示出愚昧和迟钝。

因此，通过各科学问的锻炼，乌托邦人的智力非常适宜于各种技艺发明，以促进生活的舒适方便。在两件事上他们要感谢我们，即印刷与造纸——虽然不完全得力于我们，大部分还是得力于他们自己。我们给他们看了阿尔德用纸张印成的书，谈起造纸的材料以及印刷技术，但谈得很一般，因为我们自己都是门外汉。可是他们非常聪明，马上摸索出那是怎么一回事。以前他们只是在羊皮、树皮和纸草上书写，可是从这时起，他们试行造纸和搞印刷了。一开始，他们的尝试不太成功，可是经过频繁的试验，他们很快掌握了这两门技术。他们是非常成功的，只要有希腊作家的底本，就不愁书籍缺乏。但目前他们手头的书只限于我上面提及的那些，可是他们印刷了好几千册，扩充了存书数量。

凡到来观光的旅客，如果才智出众或是具有长期游历而熟悉许多国家的经验，一定受到乌托邦人的热情洋溢的欢迎，他们乐于倾听世界各地发生的事。以此我们在这儿登陆使得他们高兴。为进行贸易而到乌托邦的人不多。除掉铁而外，有什么可以输入的呢？至于金银，那是外人要从这儿带出的。而且，关于出口的商品，乌托邦人认为更聪明的办法是由自己经营，不假手外国人运货。通过这个政策，乌托邦掌握了更多的关于外国的情况，同时使自己的航海技能不因为不用而流于生疏。

关于奴隶等等

凡非乌托邦人作战中亲自擒获的战俘、奴隶的小孩以及他们从外国取得的处于奴役地位的人，在乌托邦都不被当做奴隶。他们的奴隶分两类，一类是因在本国犯重罪以致罚充奴隶，另一类是在别国曾因罪判处死刑的犯人。多数奴隶属第二类。他们获得了很大的一批：有时是廉价买来的，更有时是不花钱要来的。这般奴隶不但不断要做工，而且上了链。乌托邦较为严厉地对待本国国民中的奴隶，由于他们虽受过很好的道德教育，却仍不免犯罪，这是尤其令人感到遗憾的，应该从严加倍处分，以儆效尤。

还有一种奴隶，那是另一国家的贫无以为生的苦工，他们有时自愿到乌托邦过奴隶的生活。这些人受到良好的待遇，只是工作重些，也是他们所习惯了的，此外他们如乌托邦公民一样享有几乎同样宽大的优待。其中如有人想离去（这种情况不多），乌托邦人不勉强他们留下，也不让他们空着手走开。

我上面说过，乌托邦人对病人热心照料，不令他们缺乏任何能恢复健康的东西，医药饮食，无不供应周到。对患不治之症的病者，他们给以安慰，促膝交谈，力图减轻其痛苦。如果某一病症不但无从治好，而且痛苦缠绵，那么，教士和官长都来劝告病人，他现在既已不能履行人生的任何义务，拖累自己，烦扰别人，是早就应该死去而活过了期限的，所以他应决心不让这种瘟病拖下去，不要在死亡前犹豫，生命对他只是折磨，而应该怀着热切的希望，从苦难的今生求得解脱，如同逃出监禁和拷刑一般。或者他可以自愿地容许别人解脱他。在这样的道路上他有所行动将是明智的，因为他的死不是断送了享受，而是结束掉痛苦。并且他这样行动将是服从教士的忠告，而教士是上帝意志的解释者，所以那是虔诚圣洁的行动。

听了上述的道理而接受劝告的人或是绝食而死，或是在睡眠中解脱而无死亡的感觉。但乌托邦人绝不在这种病人自己不愿意的情况下夺去他的生命，也绝不因此对他的护理有丝毫的松懈。他们相信，经过这样劝告的死是表示荣誉的。但是一个人如果未得教士及议事会同意而戕贼自己，就得不到火葬或土埋，而是不体面地曝尸沼泽中。

女子到十八岁才结婚，男子要更大四岁。男女在婚前如证明犯了私通的罪，受到严重处罚，而且以后男不得娶，女不得嫁，除非总督宽恕其罪行。此外，一个家庭出现了这种犯法的事，有关的父母也由于未尽到责任而蒙受极大耻辱。乌托邦对这种罪行施以重罚，因为他们预见到，如对婚前乱搞男女关系不认真禁止，结成夫妇的人将很少，而夫妇同居是一辈子的，并且要忍受伴随这种生活的一切艰辛。

在选择配偶时，乌托邦人严肃不苟地遵守在我们看来是愚笨而极端可笑的习惯。女方不管是处女抑孀妇，须赤身露体，由一位德高望重已婚老妇人带去求婚男子前亮相。同样，男方也一丝不挂，由一位小心谨慎的男子陪伴来到女方面前。我们非笑这样的风俗，斥为愚蠢。乌托邦人却对所有其他国家的极端愚蠢表示惊异。试看人们买一匹花钱本不太多的小马，尚且非常慎重，尽管这匹马差不多是光着身子，尚且不肯付值，除非摘下它的鞍子，取下全副挽具，唯恐下面隐蔽着什么烂疮。可是在今后一生苦乐所系的选择妻子这件事上，他们却掉以轻心，对女方的全部评价只根据几乎是一手之宽的那部分，即露出的面庞，而身体其余部分全裹在衣服里，这样，和她结成伴侣，如果日后发现什么不满意之处，就很难以融洽地共同生活下去。

并非一切男人都很明智，只重视女方的品德。即使明智的男人，在婚姻问题上，也会认为美貌大大地增加了美德。毫无疑问，衣服可能遮盖住丑恶的残疾，以致丈夫对妻子产生心理上的反感，而这时躯体上分居在法律上又不许可了。如果这种残疾是婚后偶然引起的，一个男人只有自认晦气，然而法律于婚前应该防止他被骗上当。

这种预防之所以更有必要，是因为在地球上这个地区，乌托邦人是唯一实行一妻制的民族，除非发生死亡，不致婚姻关系中断。但发生通奸行为或脾气坏到不能相处，则是例外。当男方或女方感到自己感情上受到这种伤害，议事会就准许其另行择配。被离异的一方从此终身蒙受耻辱并过孤独的生活。如果妻子无任何可非议之处，身体不幸罹病，乌托邦人不允许男子违反她的意志而强行和她分离。在一个人最需要安慰时而将其遗弃，或在容易生病而本身即是病的老年竟遭到违背信义的待遇，这些在乌托邦人看来都是残酷不仁的。

然而有时夫妇性情不十分融洽，双方又都有可望共同愉快生活的意中人，就可以在互愿的情况下离异并另行婚嫁，当然事先经过议事会批准。只有当议事会成员及他们的夫人对案子作了深入的调查，离婚才得到批准。即使有了深入的调查，也不是那么轻易批准，因为议事会深知，如果轻易地可望重新婚嫁，这对于巩固夫妻之间的爱情将是不利的。

破坏夫妇关系的人罚充最苦的奴隶。如双方均系已婚，则一双受害者在自愿的情况下可离异犯有奸行的对方而彼此结合，或可以和自己喜爱的对象结婚。但如受害者之一对于不义的对方仍然依依不舍，并不禁止他们的婚姻继续生效，只要一方对罚充奴隶的一方愿意共同生活及劳动。有时一方有痛悔表示，而另一方则认真操作，为此两人得到总督的怜悯，又有自由。但重犯前罪者判处死刑。

对其他罪行，未制出有固定处分的法律，而是由议事会按个别罪行的凶恶程度或可恕性酌量惩处。凡严重的罪过则公开处分以利于促进社会道德，否则丈夫纠正妻子，父母纠正儿女。对于罪大恶极的人，一般罚令充当奴隶。乌托邦人认为这种处罚既使犯人害怕，又有利于国家，胜于匆匆处死犯人，使其立刻消灭掉。使他们劳动比处死他们更有益，他们作为反面教员可在一个较长的时间内阻止别人犯罪。如果他们闹事违抗，不服从这样的处理，那就视同野性难驯的想越槛脱链的兽一般被杀死。如他们忍受这样的处理，那么，他们并非断绝了一切希望。如他们经过长期艰苦的劳作而变成柔顺，从所表示的悔悟可以证明使得他们痛心的不是自己受惩罚，而是自己有罪过，于是他们可因总督运用特权或国民发表公意而减轻奴隶应服的苦役或获得全赦。

企图诱奸与实际奸污受同样处分。在每种罪行中，蓄意图谋与真正行为被视同一律，因为乌托邦人觉得，力求犯罪必遂的人不能因为终于未遂而取得解脱。

他们很欣赏扮演丑角的人。侮辱丑角是极不体面的事，但从丑角的说笑打诨中取乐是不禁止的。如此取乐被看做大有益于丑角们自己。倘有人一本正经，郁郁寡欢，对丑角的动作和言谈竟毫不感兴趣，就不会有丑角委托给这种人了。丑角的唯一职能是逗笑，而这种人觉得丑角对他无用，甚至没有什么可以逗笑的，那就唯恐他对丑角不够宽容了。

非笑某人外形毁损或肢体残缺，乌托邦人认为这对于被非笑者没有什么可耻，对于非笑者倒是卑鄙可耻的，因为这是愚蠢地责备一个人如何如何，好像有毛病，而其实那是他无力避免的。虽然不珍惜天然美被看做懒而愚的标志，可是涂脂抹粉的打扮据他们的意见是不光彩的装模作样。经验告诉乌托邦人，妻子无论怎样貌美总不及其贤淑虔诚更能获得丈夫的恩爱。有些男人所向往的仅仅是漂亮面孔，但唯一能永远保持丈夫的爱情的还是贞操和柔顺。

他们既用刑罚禁阻人犯罪，又给有善行的人以荣誉。因此，对为本国建立显异功勋的伟人，他们在广场上树立雕像，纪念其崇高业绩，希望后人能景仰前人的荣誉而奋发上进。

凡奔走运动谋求官爵的人总是完全希望落空。乌托邦人在和谐友好的气氛中彼此相处。官长不傲慢，不令人望而生畏。老百姓称官长为父，官长也力尽父职。官长受到老百姓出于自愿的尊敬，这是理所当然，绝不勉强老百姓尊敬。总督不同于老百姓的标志并非身上着袍，头上加冕，而是手上有一束谷穗，如同主教的标志是他前面有人拿着一支蜡烛。

他们的法令很少，因为对于受过这样教育的人民，很少的法令已经够用了。他们发现其他民族的主要缺点是，几乎无数卷的法令和释文还是不够。用浩繁到无人能卒读以及晦涩到无人能理解的法令去约束人民，乌托邦人觉得这是极不公正的。

而且他们把巧于操纵案情和曲解律文的全部律师逐出。他们认为一个当事人最好把拟告知律师的事由直接向法官陈述，为自己的案件辩护。当一个人未经律师欺骗手法的教唆，自理讼事，而法官则善于权衡各种陈词，帮助老实人挫败狡狯分子的诬告，这样，事实真相易于明白，不容任何含糊。其他国家难以获得这种有利条件，由于其法律是大量而繁复的。可是在乌托邦，人人精通法律。首先，我上面谈过，他们的法律少。其次，他们认为对法律最一目了然的解释即是最公正的解释。

这种方针所根据的是他们的这一论证：既然公布任何法律都是为了使每一个人不忘尽职，深奥难解的法律只能对少数人起这种作用（因为少数人懂得它），至于法律上较为简单而明显的意义则是人人会弄通的。否则或根本不制定法律，或经过高度巧思和长期争辩方能得出关于既制定的法律的解释，这两者对人数最多而又最需要启发的一般老百姓有什么分别呢？一般老百姓的未受过训练的判断力无法懂得这种解释的意义，他们花一辈子的时间也不够，因为他们所主要从事的是赚得生活资料。

乌托邦人的这些美德鼓舞了邻邦（是些自由独立的邻邦，其中不少是在很久以前得到乌托邦人的帮助才从暴君统治下取得解放的）请求他们派官员去，任期或一年或五年。官员满任后，受到当地人民护送，满载荣誉而归，这些人民又将新官员迎接到他们的国家。他们为自己的国家确是考虑很充分。既然一个国家的祸福系于官员的品德，那么，除选择正直而不为利诱的人充当外还有更明智的选择吗？原来乌托邦人不久会回到本国，任何利禄于他们无用，而且由于不熟识当地公民，也不会受不正当的偏爱偏恶的影响。徇私与贪利这两个弊病，一旦支配了人们的判断，便立刻破坏一切公正，而公正是一个国家的力量源泉。请求乌托邦人派遣行政官的国家，乌托邦人称为盟邦。至于乌托邦人给予过好处的另外一切国家，则被称为友邦。

所有别的国家之间经常议定、破坏、和重订的条约，乌托邦人不和任何一国缔结。他们问："条约有什么用，莫非自然本身还不能将人们紧密地联系在一起？难道对自然不尊重的人还会重视用文字写的东西吗？"

乌托邦人形成了如上的意见，主要由于在世界上这些地区，国王与国王之间的条约及联盟得不到忠实的遵守。然而在欧洲，尤其是基督信仰及教义盛行的那些地方，条约的尊严是到处奉为神圣不可侵犯的，部分由于各国国王贤明公正，部分由于对教会最高头头的崇敬及畏惧。这些教会头头自己作的承担，无不极其认真地履行，因此他们也告诫所有的国王遵守全部诺言，抗拒违命者受到教会的申斥及谴责。当然，教皇完全有理由认为，那些特别叫做忠实信徒的一般人竟不忠实地履行自己的承诺，那是非常可耻的。

在这个从赤道上和我们的距离倒不及从生活和性格上和我们的差别那么显著的新世界，条约不受信任。订约时越是有繁复而神圣的仪式，撕毁条约越是快。人们在措词上找出有时是故意狡猾地造成的漏洞，因此不管有什么牢固的协定施以约束，他们总有办法推诿，破坏条约，破坏信义。如果这种狡猾手段，或不如说欺骗，被发觉是出现在私人之间的契约上，某种人便鄙夷不屑地横加指责，说是亵渎神明，罪该万死，然而正是这种人在订立条约方面向国王献这类狡计，并引以为荣。

由此，不禁引起这种想法，公正守法全然是平民的低级的德行，不适合于国王的威严，否则至少有两种形式的公正守法，一种是步行的，在地上爬的，宜于普通百姓，并且链索重重，因此不得分寸超越界限；另一种公正守法是属于国王的德行，比普通人的具有更大的尊严，因此远为自由不拘，可以任意行事，除非是国王所不乐意的。

我已经指出，那儿的统治者这样不守约，以致乌托邦人有理由不订立任何条约。他们如果生活在我们这儿，可能会改变其想法。然而他们相信，尽管条约被忠实地遵守，订立条约的习惯竟然发展起来了，这是令人惋惜的。结果是（好像经过一山一水小小隔离的人民并无天然联系把他们结合在一起），人们相信，大家彼此是天生的对手和敌人，有理由相互残杀，除非有条约禁止。而且，即使订立了条约，友谊并未形成起来，倒是公海上依然随便掠夺，而由于草拟条约时缺乏文字技巧，关于这种掠夺活动的充分预防从来不曾包括在条文中。相反，乌托邦人相信，不应当把未加害于你的任何人看成敌人，天然产生的伙伴关系须取代条约，能更好更牢固地把人们团结在一起的是善意而不是协定，是精神而不是文字。

关于战争

战争是唯一适宜于野兽的活动，然而任何一种野兽都不像人那样频繁地进行战争，因此乌托邦人很恨战争。乌托邦人一反几乎所有国家的惯例，把在战争中所追求的光荣看成极不光荣。然而他们的男女在固定的日子里刻苦地参加军训，锻炼自己，唯恐一旦有需要而他们不能作战。但是他们绝不轻易地投入战争。他们出战仅是为了保护本国领土，或驱除侵入友邦的敌人，或出于怜悯某个受专制压迫的民族而用武力把他们从暴君的桎梏奴役下解放出来，这是人类同情心所激起的一种行动。

乌托邦人援助邻邦，通常不是为了给以保护而已，有时也是替邻邦报复所曾遭受的损害。乌托邦人只有当事态初起时被征求意见后才有所行动。因为如果他们觉得提出的道理不无根据，而对方对提出的损失赔偿不予理睬，他们就带头作战。乌托邦人不得不终于诉诸武力，由于敌军侵入掠夺，但有时更凶猛地运用武力，如果友邦商人受到另一国家在执法的幌子下（如从本身有误的法律找借口，对本身不误的法律作曲解）所横加于他们的冤屈。

不久以前，乌托邦人为尼法罗哲德人①抵抗亚拉奥柏利坦人②所进行的战争，其起源就是如此。乌托邦人觉得尼法罗哲德商民受到亚拉奥柏利坦人在法律借口下的欺负。可是不管公

---

① 尼法罗哲德人（Nephelogetes）——臆造的词，其组成的希腊语成分意为"云雾中出生的人"，即朦胧不可究诘的人。——中译者

② 亚拉奥柏利坦人（Alaopolitanes）——以希腊语杜撰，意谓"盲人国的公民"，一说指"无国之人中的公民"。——中译者

正不公正，这件事遭到残酷战争的报复。附近各国将其力量资源投入这场战争，助长了战火，加剧了双方的怨恨。大多数繁荣的国家或是基础动摇，或是一蹶不振。直到亚拉奥柏利坦人投降，贬为奴隶，发生的不尽纠纷才告结束。乌托邦人并非为自身利益而战，因此把这些奴隶交与尼法罗哲德人管理。以前亚拉奥柏利坦人兴盛时，尼法罗哲德人是望尘莫及的。

乌托邦人对友邦遭受的冤屈，哪怕所牵涉到的仅是金钱，都是如此狠狠地报复，但对自身受的冤屈倒不如此。如果他们由于受骗而损失了商品，但没有人身暴行，他们为此发怒仅限于在取得补偿前和有关国家断绝贸易。这并非因为他们关心盟国过于关心自己的公民。原来他们对盟国的金钱损失比对自己的金钱损失更感到难过，因为友邦商人损失的是私产，商人就非常痛心，而他们自己的公民所损失的则仅仅是来自公库的，是取之不尽的，是在乌托邦可以说多余了的——否则也不会输出国境。由于此，任何个人对这种损失没有感觉。乌托邦人认为通过丧失许多性命来给这样的损失作报复，那是很残忍的行为，因为从这种损失所产生的不利对所有乌托邦人民的生命及生活都无影响。

但如一个乌托邦公民在任何地方因受欺侮而成为残废或丧命，不管是出于某一政府或某一私人的阴谋，乌托邦人首先派出使节查明事实真相，然后在罪犯未被交出的情况下，不肯善罢甘休，而是马上宣战。如罪犯被交出，乌托邦人将其处以死刑，或贬为奴隶。

由于大量杀戮而取得的胜利，使乌托邦人觉得遗憾而且可耻，等于为购买珍贵物品而付出过高的代价。如果他们用韬略战胜和击溃敌人，他们就引以为巨大的光荣，公开庆祝胜利，树立庆功纪念碑，如同庆祝了不起的英雄业绩一样。每逢他们获得以智力取得的胜利，即没有任何兽类、只有人方能取得的胜利，他们夸口自己的行动是勇敢的，具有英雄气概的。他们说，仗气力从事搏斗的不过是熊、狮、狼、狗以及野猪等野兽。这些野兽大多数比人更是力大，更是凶猛，但不如人聪明多计。

他们作战所追求的唯一目的，如果早就达到，本是可以无须宣战的。既然非作战不可，他们对于须申讨其罪行的那些人给以严厉的处分，使其将来不敢再犯同样的罪行。这是他们在战事中所要迅速完成的主要意图，可是较为注意的是避免有冒险行为，而不是争取荣誉。

一经宣战，他们就设法同时在敌人境内主要地区秘密张贴无数布告，其上因有乌托邦人的公印而起有更大的影响。布告上言明凡杀死敌国国王的将受重赏。此外，对布告中列名的其他人的首级也悬了次等的、但不失为优厚的赏金。乌托邦人认为这些人在挑起战争方面，其罪仅次于国王。对生擒受声讨的敌人的人，奖金视献首级的加倍。他们还对受声讨的敌人给予同样的奖金，并保障其人身安全，如果他们起义归诚。

因此敌人很快对一切外来人不放心，并且自己互相怀疑，互相猜忌，俨如草木皆兵，大祸临头。据说敌人的大部分，尤其国王自己，被身边的头号亲信出卖。重金收买之下，人们会心为所动，什么样的事也干得出。乌托邦人对赏格是毫不吝惜的。然而当他们想起他们希望某个人干的事要冒多么大的风险，他们力求有多么大的风险就应该有多么大的奖金。因而他们不但许诺而且忠实地付出大批黄金，并另给予在友邦内安全地带有优厚收入的地产。

高价收买敌人的做法在别处被谴责为不道德的残忍行径。乌托邦人却认为这是很光荣的，认为这说明他们的明智，可以兵不血刃地结束凶恶的战祸，又说明他们的人道主义及仁慈为怀，死少数有罪之人可以使敌我双方大批无辜人民不至于陈尸疆场。他们既同情本国人民，也同情敌方的人民。他们知道普通人民不会自愿走上战场，而是被国王的疯狂所驱使的。

如这个策略失败，乌托邦人就在敌方播下不和的种子，鼓动内讧，挑唆王弟或大臣觊觎王位。如此计又不成，他们便唆使敌人的邻邦卷入纠纷，重新提出早已遗忘了的领土要求，这类要求是国王们从来不会缺乏的。乌托邦人应允在战事中给予支援，对于金钱捐助非常慷慨，但不轻易派出自己国家的人力。他们非常珍惜本国公民，相互重视，以致不肯用任何一个同胞去换取敌方的国王。至于黄金白银，他们所以储存仅是为了这个用途，因此他们尽情付出，毫不吝惜。即使他们花完了金银，他们还是生活得同样好。而且，除了国内积存的财富，他们在国外还有大宗的金银财宝，我上面提到，许多国家欠他们的债。

乌托邦人用这些财富，从四面八方特别是从塞波雷得人①当中，招募雇佣兵作战。这种民族居住在乌托邦之东五百哩的地方，面目可憎，粗暴而野蛮。他们喜爱自己的深山老林，这是他们生长的地方。他们身体结实，耐寒耐暑，不怕劳苦，生活毫不讲究，对耕种是门外汉，住所及衣着很随便，主要从事畜牧。他们的生活大部分靠狩猎及劫掠。他们天生好战，总是追求厮杀的机会。他们一有这个机会，绝不放过。他们大批离开本国，为了少量报酬，到任何征兵的一方投效。他们生活在世所干的唯一行当便是追求死亡。

他们为出钱雇用他们的人，勇敢地忠心耿耿地作战。然而他们不受固定期限的约束。他们加入一方的条件是，第二天有人出更高的酬报，哪怕是敌方，他们就转过去；再过一天，他们又会为较多一点的酬报，回到原方。

在每次发生的战事中，敌对双方的士兵中有许多塞波雷得人。几乎每天都可以看到，这些彼此有血缘关系的人同时受雇一方，因而相互亲密无间，忽然却分开成为两个阵营中的士兵，相遇作战。他们忘记了同族同宗，忘记了友谊，拼命地彼此残杀。驱使他们互杀一场的，不是别的，而是雇用他们的两方国王付出的区区金钱，这方面他们是锱铢必较的，因此为了每天收入多增加一文钱，他们很容易被诱，倒向另一方。他们

---

① 塞波雷得人（Zapoletes）——从希腊语杜撰，意谓"急于出卖自己的人"。——中译者

由此很快地养成了贪婪的习惯，然而这对他们无任何好处。他们把冒生命危险赚来的钱立刻花到放荡无耻的生活中去。

这个民族愿意供乌托邦人驱使，对任何一方作战，因为他们受雇于乌托邦人所得的钱比起从任何地方所得的为多。乌托邦人既罗致善良的人加以合理使用，也招募这些坏蛋给以不正当的使用。一有需要，乌托邦人对塞波雷得人以重金为诱饵驱使其从事极大的冒险。在一般情况下，这批人多半不会生回领取酬金，可是那些生回者照原议领得全部酬金，以此促使自己再度同样不顾死活地去干。乌托邦人丝毫不介意有多少塞波雷得人为他们送掉性命，认为自己如能扫清世上这些万恶可厌的人类渣滓，将为世人带来最大的好处。

除雇用塞波雷得人外，乌托邦人也雇用他们支持作战的一国的士兵，以及其他一切友邦的援军。最后，他们加派一个分队自己的公民，从中推举一名久经考验的勇士指挥全军。他下面有两个副手，在他未遇险时，他们不加军衔。但如他被俘或丧命，两名副手的第一名即继承他的职位，而一旦情势需要，又可由另一名来接任。这样，战事变化虽经常莫测，而全军不致因指挥遇险遂陷于一片混乱。

他们在每一城市甄选自愿入伍的公民。任何公民都不会在强迫命令下到外国作战。乌托邦人认为，如果某人生性有些胆怯，不但自己不会表现得勇敢，而且会削弱同伴的士气。可是如果战祸延及本国，那些懦夫，只要身体结实，就被送上船舰，和那些勇士混合编组，或是被派去在逃脱无从的地方把守城墙。这样,他们在自己的同胞前由于畏缩而感到羞愧,敌兵又近在咫尺,想逃走已不可能,这一切使他们忘记害怕,不得不拼死一战。

任何人都不会在强迫命令下派赴国外作战,相反,妻子如渴望随丈夫出征,不但不被禁阻,还事实上受到鼓励和赞扬。她们出发后,在战场上被置于自己丈夫的身旁。每个战士周围有自己的儿女及妻子和其他亲属,他们天然地休戚相关,就会彼此非常紧密地团结,相互支援。丈夫回去而遗失了妻子,儿子回去而不见了父亲,都被看成奇耻大辱。因此,当战事发展到短兵相接时,敌人还负隅顽抗,那就是一场历时较长的剧烈厮杀,双方都一兵一卒不留。

我上面说过,只要能够借助于雇佣军而结束战争,他们总是力求避免不得不亲自作战。万一他们必须亲自上阵,其作战之勇猛,不亚于其曾尽量努力避免一场战祸的巧智。攻击一开始,他们倒未必厉害,可是对抗慢慢加强后,他们逐渐展开自己的实力。他们的斗志很顽强,宁可被剁成粉碎,不后退一步。由于无须为家中的生计操心,又无须为子女的未来担忧(这种忧虑到处使最有勇气的人失去勇气),他们精神昂扬,志在必胜。

他们又从接受过的专门军事训练取得信心。最后,他们从小由于教育以及国家的良好制度而形成的正确健全观点也使他们分外有勇气。因此,他们既不贱视生命,轻率地牺牲自己,也不过分珍惜生命,到了应该光荣殉节的时刻还苟且求活。

在战争到处进行得十分激烈的关头,由精选的青壮年组成的敢死队上前搜捕敌酋。他们既给他明刀明枪,又暗中伏击。他们从远从近一齐进攻。有大批新生力量不断插入,让疲劳不堪的退下来,这样,进攻继续不断地进行着。如果敌酋不拔步逃命,他一般总是被击毙或生擒。

如乌托邦人得胜,绝无滥杀情况,他们宁可俘虏败兵,而不将其处死。他们追击敌军时,必在自己的军旗下保持一支随时准备交锋的人马,纵使全军其余部分被击溃,这部分后备力量却使他们转败为胜。他们宁可让敌人逃脱,一般不在后追赶,以免自己的阵容混乱。他们记得,不止一次有过这样的情形,他们军队的大部分人马溃退,敌军因胜利而得意洋洋,从四面八方追赶过来,可是少数早就埋伏好以应付万一的乌托邦士兵,突然袭击自以为无虞而疏于戒备的四处分散的敌人。于是战事的整个局面为之一变,他们从敌人手中夺去一个十拿九稳的胜利,从战败者转而为战胜者。

很难说,他们所擅长的是善于使用伏兵,还是小心回避伏兵。你会以为他们打算逃脱了,其实却完全不是这么一回事。相反,他们下定决心要逃脱时,你倒以为他们有与此不同的别种打算。当他们发现自己在数量或阵地上处于劣势时,他们便在黑夜中悄悄拔营撤退,或用策略回避敌人,有时他们在白天撤兵,不被发觉,并且秩序井然,倘要在他们后退时加以袭击,就如同在他们前进时一样危险。他们的营房周围戒备周到,有深沟阔壕,壕沟中挖出的土堆向里方。他们不用最下层的劳工从事这个工程，而是由士兵亲自动手。全军都参加这项劳役，除掉部分士兵手持武器在围堤上戒备，以防不测。这样，由于群策群力，他们完成巨大的防御工事，围绕一大片空地，全部进行的速度令人难以置信。

他们穿的盔甲异常坚固，足以抵御砍杀，但又便于身体的各种动作。即使他们在水中游泳，也不感到任何不便，因为他们所受的战术训练的一部分就是全身披挂在水中游泳。他们使用的远程武器为箭，步骑兵都是挽弓有力、命中率高的神手。在短兵相接中，他们放下刀剑，抡起斧头，那是一种沉重而又锋利的杀人武器，不管是刺还是砍。他们巧于发明战具，制成后，严守秘密，以免在非必要的情况下走漏风声，使用无效，流为笑柄。他们制作这些战具时，首先注意的是易于携带，便于转动。

他们如和敌人订停战协定，就严格履行，即使在敌人挑衅情况下也不破坏协定。他们从不蹂躏敌人的土地，不烧毁敌人的庄稼。他们倒是要自己的人马远远离开这些庄稼，不得践踏，让为长好可供他们自己享用。他们不伤害非战斗人员，做密探者除外，他们对投降的城市，秋毫无犯。即使是攻破的城市，他们也禁止劫掠。但他们处死那些反对投降的敌人，把其余参加守卫的敌兵贬为奴隶。至于和平居民，他们一概不加以伤害。如他们查出有人曾建议投诚，他们从罚收的财物中取出一部分犒赏这种人。乌托邦人把其余的没收财物赠给友军，他们自己则对战利品一无所取。

战事结束后，乌托邦人不向他们支援作战的友邦索取费用，一切由战败国支付。在这方面，他们要战败国付出现金，将其储存以便用于类似的战事。他们还要战败国交出庄园，每年从中征收大量贡金。他们在许多国家享有这项岁入，由于不同来源的逐渐积累，每年总收入达七十万元金币以上。他们派出若干公民到这些庄园中做财务经理，住在那儿，生活豪华，显出大员的身份。然而还是省出大宗款项归入公库，除非他们愿意将这笔钱存在战败国作为信贷。他们经常实行这种信贷，直到他们自己需用这笔钱，而且即使情况如此，他们也很少索回全部款项。他们也从庄园的收入中拨一部分给那些接受他们的要求去完成冒险的使命的人们，关于这种冒险使命，我在上面已经提到过。

如任何国王起兵攻击乌托邦人，准备进犯领土，乌托邦人立即调动大批军队出国境迎击。他们不轻易地在本国土地上作战，同时，不管发生任何紧急情况，他们也绝不让外国援军进驻他们的岛上。

关于乌托邦人的宗教

不但乌托邦全岛总的说来有各种宗教，在每个城市也是如此。有人崇拜日神，有人崇拜月神，又有人崇拜其他某一种星辰。若干乌托邦人尊敬以道德或荣誉著称的先贤，把他当做神,甚至最高的神。可是绝大多数人,也是较有见识的人,从不信这些,而只信某个单一的神,这个神是不为人知的,永恒的,巨大无边的,奥妙无穷的,远远超出人类的悟解的,就其威力说而不是就其形体说是充塞宇宙间的。他们称他为父,把万物的起源、生长、发育、演化、老死都归之于他。只有对他,乌托邦人才加以神的尊称。

并且,其他所有的乌托邦人尽管信仰不一,却在这点上意见一致,即只有一个至高的神,是全世界的创造者和真主宰,在本国语言中一致称为"密特拉"①。但不同的人对这个神持不同的观点。然而乌托邦人都认为,不管这个至高的神指谁,他是自然本身,由于其无比的力量和威严,任何民族都承认,万物的总和才形成。可是乌托邦人正摆脱各种混乱的盲目信仰,趋向于一致地承认在所有信仰中最合情理的一种信仰。毫无疑问,其他的信仰本来早就应该消失,可是他们的一名成员在考虑改变信仰时,偶然遇到不幸的事,于是出于恐惧心理不将其解释成出于偶然,说成是来自天谴,仿佛不继续受到某人礼拜的神对于这种不虔诚施以报复。

但是乌托邦人听见我们提到基督的名字、他的教义、他的品德、他的奇迹。他们还听见我们谈到许多殉道者同样值得惊异的坚贞不屈精神,这些殉道者甘愿流血,终于使远近无数国家趋向于他们的信仰。当乌托邦人听到这一切后,你很难相

---

① 密特拉(Mythras)——古波斯太阳神。——中译者

信，他们多么欣然愿意接受这个宗教，这也许由于上帝的颇为不可思议的灵感，或是由于他们认为这个宗教最接近他们中间普遍流行的信仰。可是我认为这一个因素也很重要，即他们听说基督很赞同他的门徒的公共生活方式，又听说这种方式在最真正的基督教团体中还保持着。然而不管对他们起影响的是什么，他们不少人接受了我们的信仰，并经过洗礼。

可是在我们四人中（这是剩下的全部人数，我们一共六人，已死去两人），很抱歉没有一个神父，因此这些乌托邦人入教的其他仪式虽已履行，但迄今缺乏在我们中间只有神父方能施给的圣礼部分。但他们明白圣礼是怎么一回事，很热切地期望其实施。而且他们认真争辩，在未派来基督教主教的情况下，能否从他们中间选出一人就教士的圣职。看来他们会推出一个候选人，但当我们离开时，还未推出。

即使不赞成基督教义的乌托邦人，既不阻止别人信从，也不侵犯已经信从的人。当我在那儿时，只有一个教徒受到处分。他一受过洗礼，便高度狂热而不够审慎地公开谈说基督教义，尽管我们劝诫过他。他说教时态度激昂，既把基督教说得比其余的什么教都好，又谴责其余一切的教。他宣称这些教都是渎神的，信仰者是不敬神的，侮辱神明的，应永受天罚。他长期这样说教后，终于被捕受审，所定的罪名不是蔑视乌托邦人的宗教，而是在群众中煽动事端。他被判有罪后受到放逐的处罚。原来乌托邦人有一条最古的制度，任何人不能由于自己的信仰而受到责罚。

乌托普国王最初听说过，在他到来之前，当地人由于信仰不一而不断争吵。他还注意到，在各个教派各自为保卫本国而作战时，这种普遍的意见分歧为他提供了把他们全部征服的机会。因此，自从他取得胜利后，他一开始就规定每人信从自己所选择的宗教是法律上认可的，一个人也可以向别人宣传自己的教，劝其接受，但只能用温和文静的方式，讲出道理为自己的教作辩护，如果他劝说无功，不应将其他一切的教都恶毒地摧毁，不得使用暴力，不得诉诸谩骂。如有人表达自己观点时，断断争辩，态度过分激烈，他将受到流放或奴役的处分。

乌托普国王制定这种法律，一方面是为了安定（他明白，经常的争吵和不解的仇恨以往完全破坏了安定），另一方面他觉得这样的解决办法对宗教本身有利。对宗教问题，乌托普不轻率地作出武断的结论。他不能肯定，上帝是否不愿意看到各种各样的多方面的信仰，因而不向不同的人灌输不同的观点。但是他肯定这一点，即强迫和威胁人人都接受你心目中的真理，那是既横蛮又愚笨的。并且，即使情况确是那样——只有一个宗教是真理，其余的都是旁门左道，乌托普也预见到，如能用温和而合理的方式处理问题，真理凭其本身的自然威力迟早会自己呈露出来，受到注意。如果这个争论的解决是通过武力和暴乱，而最坏的人又总是最顽固不化的，那么，最好的和最神圣的宗教也会淹没在一堆互相倾轧的旁门左道中，犹如嘉禾会被丛生的荆棘窒息致死一样。

因此乌托普把宗教的全部问题作为一个尚有待于解决的问

题，容许每人选择自己的信仰。可是有例外，如他严禁任何人降低人的尊严，竟至相信灵魂随肉体消灭，或相信世界受盲目的摆布而不是由神意支配。因此乌托邦人的信仰是，人死后有过的必受罚，有德的必受赏。如有人有不同看法，乌托邦人甚至认为他不配做人，因为他把自己灵魂的崇高本质降到和兽类的粗鄙躯体一般无二。他们更不承认这种人是乌托邦公民，因为如果不是他还有所忌惮的话，一切法律和惯例都将对他无用处。当一个人除法律外什么都不怕，除肉体外对什么都不寄予希望，那么，毫无疑问，为了满足他的私人欲望，他会想方设法回避国家法律，或是力图用强暴手段破坏国家法律。

所以，怀有这种心理的人，乌托邦人取消他的一切荣誉，不给他官做，不使他掌管任何职责。他普遍被看成是懒惰下流汉。然而乌托邦人丝毫不处罚他，深知一人愿意信仰什么不能由自己控制。他们也不强迫或威胁他掩盖自己的观点。在这个问题上，他们不容许装假说谎。他们最恨装假说谎，认为这和欺骗几乎毫无区别。他们禁止他在一般国民前为自己的意见作辩护，但允许并鼓励他在教士前或重要人物前这样做，深信这种荒谬最后将让位于理性。

乌托邦还有另一些人，为数不少，所抱的见解并非全无理由，而且本身不是坏人，因此乌托邦对他们不加以干预。这种人有另一类的错误，即相信兽类也有不朽的灵魂，但不及人类灵魂尊严，亦不能注定得到同样的幸福。几乎全部乌托邦人十分肯定并深信，人可以达到无穷的天堂之乐。他们对病者表示悲痛，但对死者无所惋惜，除非是极端贪生而不愿离开这个尘世的死者。一个人临死而有如此的表现，他们认为不祥，预示他的灵魂无望，抱有内疚，对即将到临的处罚怀有默默的预感，因而害怕死去。他们又觉得一个人在受到上帝召唤时不是欣然迅速从命而是勉强不得不去，上帝是不会乐意他的到来的。他们如看到一个人这样死去，不禁为之毛骨悚然，因而在忧郁的沉默中将死者送到墓地上，祈求上帝怜悯死者而且宽恕其罪愆，然后把尸体埋掉。

反之，他们对于高高兴兴满怀乐观而死去的人，不表示哀悼，在歌唱声中为其举行葬礼，充满深情地将死者的灵魂交付与上帝。然后，他们怀着崇敬的心理而并非悲痛的情绪，为死者举火焚尸。他们在现场树碑，记载死者的优良品质。他们回去后，讲述死者的性格和事迹，议论最多并且夸不绝口的是其临死怡然自得的精神。

乌托邦人认为，这样纪念正直的品德，不但是鼓励生者向往善行的最有效的方法，而且给予死者以其所最乐于接受的敬意。乌托邦人认为当他们谈到死者时，死者是在场的，虽然不为世人的迟钝肉眼所见。如果可享受天堂之乐的灵魂不能自由随意到处来去，那和它的遭遇是相互矛盾的。这样的灵魂既全然弃绝回访朋友的愿望，又会是忘恩负义的，因为在生前对这些朋友有过相互友爱的情谊啊。他们估计，自由如其他美好的事物一样，在一切好人身上不但死后不减少，还会增加。因此，他们觉得死者会在活人中间来来往往，目睹他们的言行。

所以乌托邦人更有信心地处理自己的工作,托庇死者的保佑。而且,由于相信先人的亡灵在身旁,他们就不敢私下做亏心事。

乌托邦人极端轻视和非笑在其他国家受到重大注意的涉及迷信的一切占卜方术。可是他们崇拜那些不是凭自然而出现的奇迹,将其看做运转中神力的灵验和启示。他们说,在乌托邦也经常出现奇迹。有时在重大危急事件中,他们公开祈求奇迹降临,抱着诚则灵的信心,终于求而必应。

他们认为,探索自然,于探索中赞美自然,是能为神所接受的一种礼拜形式。然而有些人,还是为数不少的人,他们出于宗教的动机,不从事专门知识和科学的探讨,但又不偷闲。他们以为要在死后得到幸福,就必须勤干活,多行善。因此他们有的照料病人,有的修路清沟,改建桥梁,挖除杂草沙石,以及砍劈树木,用车辆运送柴粮等到城市中去。不管对公对私,他们都如同仆役般操作,比奴隶还卖气力。

任何地方有粗重费力和肮脏的活路,大多数人觉得劳累、讨厌、没办法,因此望而却步,他们却心情愉快地把这种活路全部承担下来。他们自己辛苦不停,让别人安闲,但又不以此居功。他们既不贬低别人的生活方式,也不表扬自己的生活方式。他们越是奴隶般地操作,越受到所有人的尊敬。

这类人分两派。一派是独身汉,不近女色,戒绝肉食,其中有些人甚至不尝任何荤腥。他们屏绝人世的享乐,认为那是有害的。他们熬夜流汗,只是为了来世的希望。因为他们期待这样的来世很快地到临,他们就既愉快,又积极。

另一派同样爱好劳动,但赞成婚姻,不轻视室家之乐,觉得对自然有义务结成配偶,对国家有义务生育儿女。凡是不妨碍他们劳动的任何享乐,他们都不回避。他们喜欢肉食,理由是肉食会使他们更健壮,宜于任何劳动。乌托邦人认为这一派人更明智,而前面说的那一派人则更圣洁。假使第一派人宁可独身而不结婚,宁可艰苦而不舒适,其所根据的论点是理性,这就要惹起乌托邦人的非笑。然而这种人既声称他们是受了宗教的促使,这就使乌托邦人对他们怀有敬意。因为,乌托邦人最小心翼翼、不轻易作出武断结论的,莫过于在有关宗教的问题上了。这样,他们在本国语中特称第一种人为"部色累斯卡"①,可译为"笃信宗教的人"。

乌托邦人的教士是极端献身宗教的,因此数目不大,每个城市不超过十三人(教堂也是十三座),战时例外。遇到战争,其中七人随军出发,另由七人补他们的空额。从战争回来的正式教士全都回到原先的职位上。这时,补空额的人就权充主教侍从,遇有教士身故方递补上去。主教只有一名,是所有教士的首领。凡是教士都由国民选举出来,如同官员也是由国民选出一样,其方式是秘密投票,以杜绝徇私。选中的教士由教会同僚为其举行授予圣职的礼节。

教士主持礼拜,掌管宗教仪式,监察社会风纪。任何人如

---

① 部色累斯卡(Buthrescas)——从希腊语臆造,意谓"非常信仰宗教的人"。——中译者

因生活放荡而受到教士传唤或申斥，都被认做奇耻大辱。现在教士职责限于劝说和告诫，至于制止和惩罚违犯者则由总督及其他文职官员执行。然而教士可将其认为非常坏的分子逐出，不许他们参加礼拜。这几乎是一种最可怕的处罚，使人感到极不光彩，由于暗藏的宗教恐惧心理而觉得痛苦，甚至肉体上也会不久感到不安全，如果他们不向教士表明自己已迅速悔改，议事会就以不虔敬罪将他们逮捕法办。

教士负有教育儿童及青年的任务，把关心培养他们的品德和关心他们读书求知，看得同等重要。教士从一开始就向儿童的幼嫩而善于适应的心灵，大力灌输有利于维护他们的国家的健全意识。这种意识一旦为儿童所牢固接受，成年后永不会忘记，大有助于对国家情况的关心。除非由于不正当的见解所引起的罪恶，否则这个国家永远不会衰败。

妇女担任教士不受排除，但当选的仅限于老年寡妇，为数极少。若教士为男性，则其妻子必须是全国最优秀的女性。

没有其他的公职比起教士职位在乌托邦更受尊敬了，以至于纵然教士犯罪，不是送交法庭，而是付与上帝和自己的良心去裁判。乌托邦人认为由人们强行拘捕教士是错误的，因为不管一个教士犯下什么样的罪，他已经独个地把自己作为圣洁的祭品奉献给上帝了。乌托邦人不难遵守这个惯例，因为他们教士少，而且是非常慎重地选出来的。

再则，一个人从品德上经过择优拔萃而提升到这样高贵的职位，选拔的唯一考虑是贤良，而这种人竟至于走上腐化邪恶的道路，那是不会轻易发生的事。纵然这样的事会发生，因为人的本性是可以变的嘛，但是教士数目寥寥，而且除其荣誉地位具有影响外，并无实权，因此不必担心其对国家会造成巨大的危害。事实上，教士所以人数少而又特殊，就是为了防止他们现在给以崇高敬意的尊严教士职位由于分享的人太滥而变成无价值。这点特别符合真实情况，因为乌托邦人发现要罗致许多有德足以胜任这种尊贵职位的人，不是容易事，只有普通道德修养的人是不够担任这个职位的。

乌托邦教士在外国得到的尊敬不亚于在本国得到的尊敬。这点从下面的事实可以看出，我认为这样的事实正是乌托邦教士得到尊敬的原因。当两军交战时，教士在一旁，但离战士不太远，他们跪在地上，身披法衣，伸出双手朝天，首先祈祷和平，其次祈祷在双方流血不多的情况下祖国取得胜利。当乌托邦军队占了上风，教士便驰进酣战中心，阻止本国军队对败军滥肆杀戮。败军只要有看到教士并向其呼吁的，就能保全性命。败军中有触摸教士身上飘扬的法衣的，就可以使自己留下的财物免于从战争来的任何破坏。

乌托邦教士的这种品质使其在外国到处受到尊敬，具有真正的威严，既往往保护本国公民不遭敌人屠杀，又往往从本国公民手下保全了敌人的性命。下面的事例是大家熟知的。有时乌托邦一方阵地动摇，在溃退中，情况很是危急，而敌人却正一路冲上，要杀要抢。然而教士介入的结果，杀戮就防止了。双方军队被分开不发生接触后，和平在公正的条件下得以缔结。任何国家,不管多么野蛮、残酷和凶恶,都承认乌托邦教士人身是神圣不可侵犯的。

朔日和月杪,元旦和除夕,在乌托邦被奉为节日。每年分若干月。月是按太阴在轨道上的运行计算,正如年是按太阳的历程确定。在乌托邦语中,朔日名"西奈梅尼"①,月杪名"特拉佩梅尼"②,其意分别为"第一个节日"和"末了的节日"。

乌托邦人的教堂很美观,工艺精细,并能容很多人,这也是势必如此,因为居民中只有少数人是教士。教堂的光线都不太强。这个特点并非由于不懂得建筑学,而是出于教士有意的打算。教士认为过多的光会令思想分散,微弱的光能使精神集中,虔诚得到促进。

上面已叙述过,在乌托邦,大家的信仰不相同。然而信仰的表现形式虽分歧不一,可以说条条路通到一个目标,即崇拜神格。因此,教堂内所见所闻都显得与普遍的一切信仰不矛盾。任何教派如有其自己仪式,可在每人家中举行。所以教堂中没有神像,个人可自由去体会神的形象,不管他喜欢哪一种最虔敬的方式。乌托邦人称呼神为"密特拉",另无其他特殊名称。他们一致认为,可以用这个名称体现神威的性质,不管这个性质是什么。所用的祈祷文则是每个人都可以念,不至于

---

① 西奈梅尼(Cynemernes)——从希腊语臆造,一说指"开始的日子",原词颇晦涩难解。——中译者

② 特拉佩梅尼(Trapemernes)——从希腊语臆造,注家谓指"一个月末了的日子"。——中译者

和自己的信仰有抵触。

每当月杪或除夕这些节日的晚上，他们在教堂集合，实行禁食，感谢神使他们幸运地度过了一个月或一个年，现在到了末了的节日。次晨，即朔日或元旦，他们一清早又群赴教堂，为到来的这一月或这一年能使他们幸福繁荣而祈祷，所以朔日或元旦成为预示吉祥开始的节日。

可是每逢末了的节日，在赴教堂前，妻子伏在丈夫的脚前，儿女伏在父母的脚前，对于自己的过错或失职认罪忏悔，乞求宽恕。这样，任何家庭所引起的不睦阴影都会由于此而全部消散，这样，人们可以带着洁净的心去参加献祭，因为如到时内心愧疚不安是亵渎神灵的。所以他们如对某人感到憎恨或愤怒，他们在出席献祭仪式前，必须和那人言归于好，使他们自己的心净化，以免遭到迅速的重大的谴罚。

在到达教堂时，人群分开，男趋向右方，女趋向左方。然后他们安排就座，每户男子坐在他们的父亲前，女子坐在她们的母亲前，这样，在家管束子女的家长，出外仍监督子女的每一举止。他们又注意到，年轻的务必和年长的坐在一起，深恐小孩子们如自己互相照管，就会嬉戏调皮，而这时正是应该对神怀有虔诚敬畏的心情，给实践善行以最大的、几乎是唯一的激励。

他们不宰杀牲畜作献祭用。既然上帝慈悲为怀，对万物有好生之德，他们认为上帝不会看到流血和杀戮而感到高兴。他们烧香以及其他有芬芳气味的东西，燃大量的烛。他们明白，神所以是神，丝毫不借助于香烛，如同丝毫不借助于人的祈祷一样。可是他们喜欢这样无害的拜神的方式。人们感到，烧香燃烛，以及其他的仪式，不知怎地能使他们心境高尚，以更大的虔诚对神礼拜。

在教堂里，人们穿白色的外套。教士穿各种颜色的法衣，设计及式样都很精彩，可是材料不像人们预期的那样贵，既不绣金，也不镶嵌宝石，而是用各种鸟羽巧妙地织成，其手工的价值不是任何贵重材料所能抵得上的。此外，他们说，教士的法衣既然用羽毛交织成章，掩映分明，就含有神秘的意味。人们体会了教士们关于这方面小心相传的解释后，会想起上帝对自己的恩泽，又从而想起自己对上帝应有的虔诚，以及人们相互的义务。

当这样装扮的教士从法衣室刚一走出，所有的人都恭敬地伏在地上。这时，一切寂静无声，一个人看到教堂全体会众，感到惶悚，好像某种神的力量在眼面前。大家伏在地上一会儿后，教士作出手势，他们才起来。

这时，他们唱赞神歌，杂以乐器奏出的音调。乐器和我们这儿所见到的在形式上大不相同。许多乐器比我们用的更加和谐，可是有些乐器却甚至不能和我们的相提并论。不过在某一点上他们确比我们远为先进。他们的全部音乐，无论是器乐还是声乐，都能表达出自然情感，声音和内容融合无间，无论是祷词也好，是表示快乐、慰解、忧虑、悲伤或愤怒的歌词也好，意义都能通过音调的形式表示出来，使听众深受感动，内心激奋。

最后，教士及会众一齐念诵有固定形式的庄严祷文。这个祷文词句的编写做到凡是大家所共同朗诵的，每个人可以应用到自己身上。从祷文里，每人认出神是万物的创造者，是统治者，是一切其他幸福的给予者。每人感谢神赐予自己全部的恩泽，尤其感谢神使自己有幸生在这个最快活的国家并且接受这个自己希望是最真正的信仰。如果他在这些问题上是弄错了，或是如果比起他的国家和信仰还有更美好的并且是更为神所赞许的，他就祈求神慈悲为怀，让他有所了解，因为他情愿遵循神所指引的任何道路。可是如果他这个国家的形式是最好的，他的信仰是最真正的，那么，他就祈求神使他坚定不移，并引导其他所有的人同样过这种生活，同样抱这种关于神的观念，除非各种不同的信仰有给神的不可思议的意志以喜悦之处。

末了，每个人祈求能轻易地从尘世解脱，向神归依，可是祈求人不敢决定这个解脱的来早来迟。然而，假如不至于冒犯神威的话，他宁愿虽死于痛苦而可以归依神，不愿贪恋尘世荣华而无从更早地接近神。

念完这样的祷词后，会众又伏在地上片刻，然后起身走开用餐。这天剩余的时间，他们用于游戏、运动、和战术练习。

好，我已经力求准确地对你叙述了这个国家是怎样组成的，认为这不但是最好的国家，而且是唯一名副其实的国家。在别的国家，人们固然谈说公共福利，但所奔走打算的却只是私人的利益。在乌托邦，私有财产不存在，人们就认真关心公事。诚然，以上两种情况，都各有道理。因为，在别的国家，许多人知道，不管国家怎样繁荣，如果他们不为自己另作打算，他们就要挨饿。因此，他们势必把个人利益放在国民利益之上，亦即放在别人利益之上。

相反，在乌托邦，一切归全民所有，因此只要公仓装满粮食，就绝无人怀疑任何私人会感到什么缺乏。原因是，这儿对物资分配十分慷慨。这儿看不到穷人和乞丐。每人一无所有，而又每人富裕。

当人们毫无忧虑，快乐而安静地生活，不为吃饭问题操心，不因妻子有所需索的吵闹而烦恼，不怕男孩贫困，不愁女孩没有妆奁，而是对于自己以及家中的妻、儿、孙、曾孙、玄孙，以及绵绵不绝的无穷尽后代的生活和幸福都感到放心，那么，还有什么对他们来说是更大的财富呢？我们还要考虑到，那些曾经从事劳动而现在已经丧失劳动力的人，和仍然从事劳动的人受到同样的照顾。

于此，我倒愿意听一听谁敢于把这种公道无私和流行于其他各国的所谓正义作个比较。我敢保证，在那些国家中，我找不到关于正义以及公道无私的些微影踪。任何样的贵族以及金铺老板和高利贷者，还有其实一事不做或做非国家所急需的事的人，他们全都在游荡和无益的奔逐中过着奢侈豪华的生活！这算是什么货色的正义呢？而一般劳动者、车夫、木匠以及农民，却不断辛苦操作，牛马不如，可是他们的劳动是非常必要的，所以任何国家倘缺少这种劳动，甚至维持不了一年。然而这些人所得不足以糊口，生活凄惨，还抵不上牛马的遭遇。牛马不须这样不停地做工，吃的刍秣不一定更粗劣，实际上味道还更好些，牛马也不必为将来担忧。至于这些做工的，不但现在不得不一无所获地劳累受苦，而且不免为将来贫苦的老年感到非常痛苦。他们每天的收入如此微薄，甚至不敷当天开支，更谈不上有节余可以逐日储存起来养老。

这岂不是一个缺乏公正和不知恩义的国家吗？所谓上流绅士、金铺老板等这般家伙，不事劳动，徒然寄生，追求无益的享乐，却从国家取得极大的报偿。相反，国家对于农民、矿工、一般劳动者、车夫以及木匠，却丝毫不慷慨，而没有他们就会是国将不国。这些人为国家浪掷了青春劳力之后，挨受老病的折磨，生活穷苦不堪，可是国家忘记他们没有睡眠的长夜，忘记从他们的双手劳动所取得的全部巨大利益，十分无情义地让他们潦倒不堪而死，作为对他们的酬报。

更糟的是富人不仅私下行骗，而且利用公共法令以侵吞穷人每日收入的一部分。即使富人不曾这样侵吞，那些对国家最有贡献的人却获得最低的酬报，这已经看来不公平了。可是现在富人进一步破坏并贬低正义，以至于制定法令，使其冒充正义。因此，我将现今各地一切繁荣的国家反复考虑之后，我断言我见到的无非是富人狼狈为奸，盗用国家名义为自己谋利。他们千方百计，首先把自己用不法手段聚敛的全部财富安全地保存起来，其次用极低廉的工价剥削所有穷人的劳动。等到富人假借公众名义，即是说也包括假借穷人的名义，把他们的花招规定为必须遵守的东西，这样的花招便成为法律了！

然而，这些坏蛋虽把可以满足全体人民的一切财富都私相瓜分了，他们还是远远享受不到乌托邦国家的幸福啊！在乌托邦，金钱既不使用，人们也就不贪金钱。这就砍掉多少烦恼啊！这就铲除了多少罪恶啊！谁不知道，金钱既然取消，欺骗、盗窃、抢劫、吵架、骚乱、喧闹、叛乱、暗杀、变节、放毒等虽然每天受到惩罚却只能施以打击而不能制止的罪行，就不发生了？谁又不知道，恐惧、焦虑、烦恼、辛苦的操作、不眠的通宵，也会随金钱的消失而消失？而且，贫穷似乎是仅仅缺乏金钱所造成，一旦金钱到处废除，贫穷也就马上减少以至消失了。

为了使得这个断言显得更清楚，设想我们遭到一个收成不好的荒年，好几千人饿死。我要强调的是，到了荒年尽头，如果我们清查富人的粮仓，我们就会发现大量的粮食，要是饿死病死的人当初都分到这些粮食，谁也不会感到气候和土壤曾造成了歉收。生活必需品本来不难取得，可是该死的金钱这个大发明，据说是用以便利我们取得生活必需品的，实际上却阻碍了我们取得必需的东西。

毫无疑问，甚至富有者也觉得：与其吃着不尽，何如够用够使；与其为如山的财宝所包围，何如使大量的烦恼消除。同样毫无疑问，人们对自己利益的关心和人们对我们的救世主基督的关心（基督由于有大智慧，不会不了解什么是最好的东西；由于慈善为怀，不会不把他所了解是最好的东西当做忠告），早就应该使得全世界都采用乌托邦国家的法制，若不是那唯一的怪魔加以反对，这怪魔便是骄狂，它是一切祸害之王，一切祸害之母。

骄狂所据以衡量繁荣的不是其自身的利，而是其他各方的不利。骄狂哪怕能成为女神，也不愿做这个女神，如果她再也看不到她可以欺凌嘲笑的可怜虫，如果她不能在这些可怜虫的不幸前显示自己的幸运，如果她夸耀的财富不能使这些可怜虫因贫穷而受到折磨并且更加贫穷。这条从地狱钻出的蛇盘绕在人们的心上，如同鲫鱼①一般，阻碍人们走上更好的生活道路。

骄狂在人身已经植根很深，不容易拔掉。所以，我很高兴看到至少乌托邦人享有我巴不得所有的人都能享有的那种形式的国家。乌托邦人采用了那样的生活制度以奠定他们的国家基础，这个基础不但是最幸福的，而且据人们所能预见，将永远持续下去。乌托邦人在本国铲除了野心和派系以及其他一切罪恶的根源。因此他们没有因内争而引起纠纷的危险，而内争曾是毁灭了许多城市的稳固繁荣的唯一原因。只要一国内部融洽一致，并有健全的制度，那么，邻国的统治者就无从使这样的国家发生动摇，尽管这些统治者心怀觊觎，常来扰乱，然而总是被击退。

---

① 鲫鱼——英语有 suckfish, suckerfish, remora 等名，汉语亦作"印头鱼"，有椭圆形吸盘，常吸附于大鱼身上或船底而移徙远方。——中译者

当拉斐尔说完他的故事，我觉得他所讲述的人民的风俗和法律中有许多东西似乎规定得十分荒谬，不仅是他们的作战方法、礼拜仪式和宗教信仰以及其他制度，尤其是作为他们社会全部结构根本的那种特征。我指的是他们的公共生活和给养——完全无须金钱流通。单这一点就使得一般人认为一个国家引以为自豪自荣的全部高贵宏伟和壮丽尊严都荡然无存了。

可是我知道拉斐尔已经谈得很累，又不能十分确定他能否容忍他的意见的任何对立面，我尤其记起他曾指摘过那些唯恐自己被看成不够聪明因而对别人有所发现就去吹毛求疵的人。因此我赞扬了乌托邦人的生活方式，赞扬了拉斐尔的谈话，挽着他的手带他入内用晚餐。可是我先说了这样的话：将来还会有机会更深入地考虑这些问题，并和他更全面地进行讨论。但愿有朝一日这成为可能啊！

同时，虽然他在其他各方面是有最真正的学问并对人情事理有最渊博知识的人，我不能同意他所说的一切。可是我情愿承认，乌托邦国家有非常多的特征，我虽愿意我们的这些国家也具有，但毕竟难以希望看到这种特征能够实现。

第二部终

拉斐尔关于直到目前还很少有人知道的乌托邦岛的法律和风俗的午后谈话完结，报道人为最著名和最博学的伦敦公民及行政司法长官托马斯·莫尔先生

附录一
莫尔和伊拉斯谟的书信摘录①

莫尔致伊拉斯谟(四八一号)②

我为我的彼得赞同我们的《乌有之乡》而高兴。如果像他这样的人喜欢它,我自己也会喜欢它起来了。是否滕斯托尔以及布斯莱登③,还有你们的首相,都以它为然呢?虽然我不心存奢望:那些有幸在自己国家中担任主要官职的人会以它为然,除非他们欣赏这样的意见,即在我们的共和国,像他们那样学问道德不凡的人,竟是掌握权力的君主。我相信,这样的人绝不抱怨,如果他所统治的不是目下君主称其为百姓的一群臣民,亦即遭遇还不如奴隶的人;因为统治下的若是自由人民,那才更光荣。那么贤明的先生们绝不会存心妒忌,以至于对别

---

① 据英译,当时学术界用拉丁语交往。——中译者
② 编号据艾伦(P.S.Allen)编的《伊拉斯谟书信集》。——中译者
③ 布斯莱登(Jerome Busleiden)——比利时神父,热心提倡古典语文。——中译者

人怀恶意，而自己倒过着幸运的生活。因此我颇为希望他们也会喜欢我们的著作，这是我真诚的心愿。如果他们的鸿运使得他们产生相反的看法，只要你一人表示赞成，就是对我的见解的充分有力的支持。我认为我们两人代表着大群人，我想你我会在任何孤独环境中共同愉快地生活。

1516年10月31日

莫尔致伊拉斯谟（四九九号）

滕斯托尔先生给我一封友情洋溢的信。他对于我们的共和国的评价，如此坦率，如此恭维，真比一个雅典的天才还给我更多的喜悦！你不能想象，我是多么高兴得直跳，变成多么的高大，又是怎样昂起头来，当我眼前显出一道幻象：我的乌托邦国民已经推举我做他们的永恒君主。我仿佛已经庄严地向前走去，头戴麦草编成的王冠，身上的圣芳济修道士袈裟引人注目，手拿谷穗做的节杖，我周围是一群亚马乌罗提城的达官贵人。在众多侍从的簇拥下，我接见外国的大使和王公，这等人和我们相比是些可怜虫，他们以外出为荣，全身孩子气的打扮和妇女般的服饰，戴着用令人作呕的金子打成的链，而且可笑地用紫袍、宝石以及其他无谓的玩意儿来做打扮。可是，我不要你或滕斯托尔根据其他人们的特性来评价我，那些人的举动是伴随他们的命运而起变化的。即使老天有意把我们从卑微提升到那么显要的地位，在我眼中是任何王国都比不上的地位，你绝不会发现我忘掉当我还是一个普通人时你我之间存在过的旧的情谊。因此，如果你不辞短途旅程的辛苦，愿驾临乌托邦和我晤面，我将充分保证：在我的宽大统治下的人民，都将把你当做他们的国王所最亲爱的人而致以应得的敬意。

我这个美梦还沉沉未醒，可是升起的曙光把它驱散，我从王位上被赶下来了，我回到自己的禁闭室里，就是说，回到我的法律事务中。可是当我想到真实的王国并不更持久些，我就引以自慰了。

1516 年 12 月 4 日前后

伊拉斯谟致克拉瓦（五三〇号）

当你阅读莫尔的《乌托邦》时，你会感到仿佛突然进入另一个世界里，身边的一切都那么新鲜。

1517 年 2 月 14 日前后

伊拉斯谟致科普（五三七号）

任何时候你想消遣一阵，或不如说，想了解一个国家的几乎全部罪恶的根源，如果你还不曾读过莫尔的《乌托邦》的话，那么，想法子把这本书弄到手。

1517年2月24日

伊拉斯谟致莫尔（五四三号）

不久前我曾托人寄上信札一束以及《乌托邦》副本一册，据捎信人自称，他是你的好友……我发出写给马利安纳斯的信，因为他怀疑《乌托邦》第一部是我的作品。这种想法愚蠢到极点了，我不能让它发展下去……请尽快寄下你修订过的《乌托邦》，我们将把这个副本送往巴塞尔城，或者如果你愿意的话，送往巴黎。

1517年3月1日

伊拉斯谟致莫尔（五四五号）

把《乌托邦》越快寄来越好。安特卫普城有一位参议员很喜欢这本书，已经把它背熟。

1517年3月8日

伊拉斯谟致胡滕①（九九九号）

关于你所要求的可以说是莫尔全幅的画像，我很希望我能绘制得十全十美，不辜负你的热烈心愿！花些时间对我这位最亲密的朋友作出一番构思，这对于我自己也是一件高兴的事。不过，首先，要探索莫尔的全部才华，不是每人都胜任愉快的。其次，我不知道他是否容忍一个平凡的艺术家来描绘他。我认为，要画莫尔，不比画亚历山大②或阿基利③更容易些，而这二人也不比莫尔更值得名垂千古。总之，这个题材实在需要一位阿彼莱斯④的手笔。我担心我更像法尔维阿斯以及卢图巴⑤，而不像阿彼莱斯。不过，我要尽量根据多年在他家和他亲密交往中所观察到或是还记得起的，给你一个素描，而不能说是表现他一切的全像。倘使你在某个出使的场合碰上他，那时

---

① 胡滕（Ulrich von Hutten, 1488—1523）——著名德国人文主义者。——中译者

② 亚历山大（Alexander the Great，公元前356—前323）——亦译"亚历山大大帝"，在西方史上以武功著称。——中译者

③ 阿基利（Achilles）——荷马史诗中英雄。——中译者

④ 阿彼莱斯（Apelles）——公元前四世纪希腊有名画家。——中译者

⑤ 法尔维阿斯（Fulvius），卢图巴（Rutuba）——本指画幅上画得拙劣的两名罗马角斗士，见古罗马诗人贺拉斯（Horace，公元前65—前8）所著《讽刺诗》，第2章，第7节。此处借用以指拙劣的画家本人。——中译者

你会恍然大悟，你选来干这项任务的艺术家是多么不行。我甚至十分担心你不是责备我妒忌，就是责备我瞎眼，以致在那么多优点中，我目光短浅，看出的极少，或是出于我的妒忌，录下的极少。

我先从你毫不清楚的莫尔的那一面谈起。他身材不高，也不显得矮，四肢匀称，恰到好处。他的皮肤白皙，容光焕发而不是缺乏血色，但也并不那么通红，只露出一丝红润，他的头发淡黄中微带黑色，或不如说浅褐。他的胡须很稀。两眼浅蓝而带有斑点，这种眼睛通常是性情愉快的标志，也是英国人所认为有诱惑力的，虽然对我们来说，更喜爱的是浅黑的眼睛。据说，莫尔的那种眼睛是最无损于完美的。他的表情和他的性格相称，总是愉快而和蔼可亲，颇为笑容可掬。老实说，和他的表情相适应的是欢乐，而不是严肃矜持，虽然又远非痴傻以及毫无意义的滑稽味道。他的右肩略高于左肩，特别是他走路的时候。这点并非天生如此，而是出于习惯，就像我们偶然养成的许多小习惯。此外，他的身体没有什么堪引人注意的地方，只是他的两手不太灵便罢了，这也不过是同他的外表其他部分比较而言。他从小不修边幅，以至于不太注意按奥维德[①]的教导是男子应该唯一注意的各种事情。从他的壮年仪表，我们现在还可以看出，他青年时代应该是怎样地貌美，虽然我和

[①] 指古罗马诗人奥维德（Ovid，公元前43—公元17？）在《爱的艺术》中有关的意见。——中译者

他第一次见面时，他不到二十三岁，而目下他差不多已经四十岁了。

他的身体虽不健壮，还是差强人意，凡是体面的公民所适宜从事的任务，他都能担当。他从不生病，或是很少生病。他的父亲虽然年迈，却异常矍铄，因此他本人也完全可望高寿。我从未见过任何人比他更不讲究饮食。一直到他成年，他爱饮的是清水，这是从他的父亲学来的。可是关于这一点，为了不使别人扫兴，他和座客们虚与委蛇，从锡杯子喝些淡色啤酒，水分很多，往往就是清水。至于葡萄酒，英国习惯是共用一只杯子轮流劝饮，所以他有时也得呷一口，不做出厌烦的样子，而是使自己随俗。他爱吃牛肉、腌鱼和充分发酵过的家常面包，而不爱吃通常被认做美味的食品。在其他方面，他并不反对一切可给人快乐的东西，更不反对口味的享受。奶制品和水果是他经常爱食用的。他也爱吃蛋类。他的话音不高不低，但容易听得见，虽不柔和，却很清晰。他似乎天生不会歌唱，可是对一切音乐都非常爱好。至于他的谈话，则是极其清楚明白，从容不迫而流畅自如。

他衣着朴素，从来不穿绸披紫，也不戴金链，除非万不得已，为了应付礼节。说来奇怪，他是多么漠视世俗用以评价温文尔雅举止的那些繁文缛节。他不要求别人对他客套，同时在集会上或招待场合，他也不急于对别人勉强讲客套。然而他并非不知道怎样讲客套，如果他想大讲特讲的话。不过他觉得在这种无谓事上花时间不免带妇人气，有损于男子的尊严。

以前他厌恶宫廷生活，厌恶和君主打交道，因为他一贯憎恨专制，一向喜爱平等。（你很难发现一个宫廷那样朴实无华，以至于不存在轰轰烈烈的热闹场面，不存在虚饰和奢侈，而这些又是和任何形式的专制绝不相干。）的确，经过千难万难，他才被逼进英王亨利八世的宫廷，尽管这个国王是最有礼貌、最谦恭下士的。莫尔所天生贪求的是不受羁束和能够闲适。固然，他一旦闲适，就领略其中的乐趣；但是逢到工作中需要他认真和耐心时，他又是最认真并且最耐心不过的。

他生来好朋友，交友极其真诚，并始终不渝地维护友谊。他乐意和每一个人结交，不顾希西俄德所非难的"交友众多"。① 他选择朋友时不过分挑剔，而是给以方便，使其不疏远；对他们永不变心，以保持情谊。如果他遇上了有缺点而他又无从救药的人，他便在适当的时候和他绝交，不是突然割断一切，而是逐渐停止来往。当他发现一个诚实不欺而又气味相投的人，他就乐与交际和谈心，对于他好比是人生的一件大快事。一般贵人用以消磨时间的打球、掷骰子、赌牌和其他游戏，他无不深恶痛绝。而且，他虽然不那么关心自己的事，他对朋友的事的照顾却是最殷勤不过的。我还有必要说下去吗？如有人想要一个真正友谊的完美典范，他最好在莫尔身上去找吧。

---

① 公元前八世纪希腊诗人希西俄德（Hesiod）在他的《田工日历》中有论及滥交朋友的诗行。——中译者

在社会交际中,他彬彬有礼,风度不凡,能使郁郁不欢的人心情舒畅,能使一切棘手的难题显得轻松。他年轻时便很诙谐,似乎生来如此,但是诙谐而不流于无意义的打诨,谑而不虐。年轻的莫尔写过短的喜剧,也参加表演。妙语警言,哪怕是拿他当靶子的,他一样欣赏,他是如此地醉心于饶有风趣的聪明谈吐。因此他少年时代写过些警句诗,并特别爱好琉善的作品。导致我写成《愚赞》的也正是他,这等于要骆驼跳舞啦①。

在人事关系中,不管他遇见什么事,哪怕是非常严重的事,他总是去寻求乐趣。如果他和聪明的有教化的人来往,他从他们的才智获得乐趣;如果来往的是无知的愚人,他爱他们的傻气。即使一个十足的傻瓜,也不能使他感到难堪。他十分巧于不触犯每个人的感情。一般地说,对于妇女,甚至对妻子,他一味地爱逗笑。你简直可以说,他是德谟克利特②再世,或者更恰当些,是在市场上闲逛、沉静地注视买卖双方一片骚扰景象的毕达哥拉斯③派的哲学家。没有人像他那样不附和群氓的意见,也没有人像他那样善于体察人们中共鸣的情绪。

他非常爱好观察各种动物的外形、性格和动作,因此他家

---

① 出拉丁语,指做荒唐事。——中译者
② 德谟克利特(Democritus,公元前460—前370)——希腊哲学家,有"笑哲学家"之称。——中译者
③ 毕达哥拉斯(Pythagoras,公元前580?—前500?)——希腊数学家及哲学家。——中译者

中养的禽鸟几乎种类齐全,还有各种珍贵的兽,诸如猿猴、狐狸、雪貂以及鼬鼠等等。此外,他只要见到任何国外的或其他可供观赏的飞禽走兽,他都热心地买下。他家中充满这些动物,以致客人来到,总有令其流连的东西。客人的欣赏使他又高兴一番。

当他达到结婚的年龄,他并不回避和年轻女人谈情说爱,但他尊重女性,宁愿对方向他表示爱情,不愿主动启齿。同时,更能吸引他的是精神的而不是肉体的结合。

他年纪很小时就饱读古典作品。青年时代,他致力于希腊文学及哲理的研究。莫尔的父亲不但不支持(尽管他在其他方面是一个通情达理的好人),反而取消对莫尔研究上的全部接济。人们几乎认为他的父亲声明和他脱离关系了,因为父亲操英国法律专业,而他似乎背离了父亲的行当。这个专业和真正的学问毫不相干,但在英国,精通法律的权威人士格外地受到尊敬,它被看做成名的捷径,因为英国的大部分达官贵人是通过这门研究起家的。据说,任何人不经过多年刻苦钻研,无法精通它。虽然莫尔这位青年生来有从事更崇高学问的头脑,他理所当然地对其发生反感,然而,他既受过经院式的锻炼,他学法律很成功,诉讼人无不乐于向他咨询,他的收入比专以法律为生的人还高,他是如此的聪明和智力不凡。

他对基督教会作家也下很大工夫研究过。在他差不多还是一个小伙子时,他当着一大群听众讲解奥古斯丁的《神都论》。不管是神父或老辈,都不以从这位世俗青年领教有关神学的问题为遗憾或可耻。曾经有一个时期,他全心全意把虔敬当做学问去探讨,为了取得教士职称而从事守夜、禁食、祈祷以及其他类此的基本锻炼。在这方面,比起那些事先不经历一段苦行就贸然投进这种需要磨炼的职务中去的人,他是明智得多了。仅仅由于未能放弃渴望结婚的念头,他才遇到阻碍而不去献身于那种生活。所以他还是宁做一个纯洁的丈夫,不做一个不纯洁的神父。

他终于和一个年纪还很幼小的出身名门的姑娘结了婚。这个姑娘一直和父母姐妹住在乡间,不曾受过文化熏陶。这就使莫尔更能按自己的方式陶冶她,教她文学,使她掌握各种音乐的技巧,实际几乎快把她培养成值得白头偕老的伴侣了,可是她正当青春妙龄就不幸夭逝。然而她已经生育过几个孩子,活下来的有三个女儿,玛格丽特,艾丽丝①,塞西莉,还有男孩约翰。他不耐长期鳏居,虽然朋友们不赞成他重娶。妻子死去几个月以后,他和一个寡妇结婚,更多的考虑是照顾这个家,而不是为了个人享乐,因为她说不上漂亮,并且,莫尔自己开玩笑说过,她也不是一个少女,而是一个精明机警的管家婆。然而莫尔和她相处得愉快融洽,对于莫尔,她就赛如一个天仙化人。他开点玩笑,用些动听的辞令,她就依从他了,别的丈夫纵然板起面孔下命令,妻子也未必能那样地听话。这在莫尔何难之有?他先就引导这个年纪快老而又倔强又很专心自己事务

---

① 作信人笔误,应为伊丽莎白。——中译者

的女性学弹琴、奏琵琶、玩一弦及六弦乐器,并且在这方面按照她丈夫的心愿每天完成规定的作业啦。

他把全家治理得同样和谐,没有争吵,一片安静。即令发生争吵,他马上排解,使其平息。他不让任何人离开他家时还余怒未消。他的家似乎真正地幸运,每个成员都获得更好的幸福,都从不曾玷污他的名声。我们很少发现任何人和生母相处,能像他和继母相处那般毫无芥蒂。他的父亲两次续弦,他爱前后两个继母,视同自己的生母。第二个继母,是他的父亲不久以前娶的,他凭圣书发誓说,他的这一位继母是再好不过的了。他对待父母和自己的子女,既不使自己的感情流于使对方觉得厌腻,而又克尽他在家中的义务。

他生性厌恶猥琐的财货。他分给子女的家产,是按照他认为足够他们维持生活的那个数量。多余下的家产,他慷慨地捐送掉。当他还操法律业务为生时,他对所有的委托人都提供忠诚友好的意见,以当事人的利益为重,不为自己多得报酬。他奉劝他们大多数达成和解,以免花费更大。万一奉劝无效,他就指示他们采用最节省的打官司办法——竟有些人不打成官司是不高兴的。他在自己出生的伦敦市担任过若干年司法官,处理民事案件。这个差使颇为清闲,仅是星期四上午开庭,然而被认为最光荣的差使之一。没有人像他处理那么多案件,并且如此正直。他一般减低诉讼人照例应该缴纳的费用,如在正式提出起诉前,原告和被告都只各交三先令,超出这个数目即属不合。他这样的做法为他赢得市民的无限爱戴。

他决意满足于这个职位，已经够有权势了，又不至于冒大的风险。他两次被迫出使。由于他在执行中具有识见，英王亨利第八不把他逼进宫廷，决不罢休。难道不是"逼进"吗？别人费尽气力想钻进宫廷，他恰好是用尽心思去避开宫廷。然而当英王一定要罗致有影响的博学明智的正直人士，莫尔便是应召中首与其选的对象了。英王看他是自己最亲密的僚佐之一，非有他时刻在左右不可。每逢议论要政大计，莫尔比谁都在行。每逢英王想聊天取乐，轻松一下，又没有谁能像莫尔谈笑风生。往往发生难办的案件，需要有一个威望夙著并洞察事理的公断人；此类案件一经他处理，无不迎刃而解，因而两造都表示感谢。然而谁也无从劝他去接受任何一方的礼物。如果一切君主都能任用莫尔这样的法官，每个国家该是多么幸福啊！可是莫尔毫不因此而自以为了不起。

繁重的公务负担并未使他忘掉旧友，他还不时温习自己所喜爱的文学。官位的显赫，国王的信任，在他不过都是用于为国家造福，为朋友效劳。他总是急于使自己对所有的人有益，异常富于同情心，因此随时助人为乐。他现在权力更大啦，所以可以更好地为别人谋方便了。对某些人，他解囊相助；对另一些人，他用自己的职权给以保护。还有一些人，他则是通过介绍给以支持。当他无法对某些人进行别的帮助时，他就献出忠告。他绝不让任何人失望而去。我们大可以称莫尔为一切处于逆境中的人们的共同辩护士。扶助受压的人，使陷入迷惑困难的人得到解脱，为相互间有隔阂的人达成和解，莫尔认为能做到这些便是他的莫大收获。虽然他在多方面是幸运的，而幸运往往带来吹嘘，我却从未见过任何人能像莫尔那样没有吹嘘的坏习惯。

现在我要回过头来叙述他的学术研究，他和我正是由于这样的研究结交成朋友的。他少年时主要在诗歌写作方面下功夫，以后又认真琢磨自己的散文，练习各样的文体。是什么样的文体呢？这点我无须描绘，尤其无须对你描绘，你是经常有他的著作在手的。他特别喜欢写雄辩文，在文章中他高兴发挥的是有对立观点的主题，由于其较能锻炼才智。这使得他少年时写过一个对话，捍卫柏拉图关于共产主义乃至女性社会的学说。他写过一篇对琉善《诛暴君》的回答，要我作为他的对手来反驳他，以便更有把握地检验他这一方面的写作是否取得进步。他的《乌托邦》旨在揭露各个国家产生不良情况的根源。这本书尤其是英国的写照，他对英国作过彻底的研究和探索。他利用闲暇先写成原书的第二部分，然后趁便临时写了第一部分加上去。此所以全书有文体不大平衡的地方。

我们很难找到一个比他更杰出的即席演说家：他的漂亮辞令供他的漂亮才华充分驱使。他有永远奔放不羁的敏捷才智，而又记忆牢固，有叩即应。他既然如此灵敏，就能对任何问题，在任何场合，应对得宜，从容自如。他的辩锋是意想不到地尖锐，能以子之矛，攻子之盾，使第一流的神学家为之目瞪口呆。判断力犀利而精确的科利特在私人聊天中常说：英国只有这一个天才家，虽然才华杰出的人不在少数。

他在虔敬上狠下功夫，但绝不奉行任何迷信的仪式。他定时祷告神，不是惯例式的，而是出于衷心的。他和朋友谈论关于来生的问题。不难看出，他发言出于诚心诚意，具有坚定的希望。甚至在宫廷上，他也是如此。然而竟有人以为只是在寺院中才会遇见信仰基督教的人呢！

这就是给你的一幅画像，是一个低劣的艺术家用拙笔从一个极好的模特儿临摹成的。假如你对莫尔会有进一步的了解，你将更不满意这幅画像。可是，目前我却教你不能怪我未曾遵命照办啦。你也无从怪我写的信太短了。不过，这封信对于执笔的我不显得长。我知道，你阅读时，也将不觉得它冗长：我们的朋友莫尔的魅力对这点就是一个保证。再见。

1519年7月23日

附录二[①]
《乌托邦》的历史意义

维·彼·沃尔金

托马斯·莫尔这位人文主义者和伦敦商界的宠儿，英吉利王国的大法官和那部宣传以财产共有为原则的社会制度的精彩对话集的作者，是情况复杂的十六世纪最引人注意的代表人物之一。在他的思想中仿佛集中地反映了那个时代的一切矛盾，并构成一个独特的、统一的思想体系。这个时代是资本主义正在诞生的时代，这时的资本主义正在冲破封建关系的重围而突飞猛进地成长起来，并已带有资本主义所特有的那些新的社会对抗的萌芽了。

莫尔所写的《关于最完美的国家制度》，即大家所知道的简称为《乌托邦》[②]的那本小册子，其影响之深远在政治和社会

[①] 从苏联科学院1953年出版的俄译本（Tomac Mop, Утопия）译出。——译者

[②] 乌托邦一词由希腊文的"否"和"地方"两词构成，意为"虚无之乡"。后此词成通用词。莫尔《乌托邦》的书名最初是 Nusqama（由拉丁文 nusquam——"无处"一词而来）。"乌托邦"这一标题最初见1516年11月12日致伊拉斯谟函中。——译者

文献中是少有的。无怪乎《乌托邦》这个名称成了一定的文学形式即空想主义小说的代名词了，无怪乎它和所谓空想社会主义这一整个思潮相联系，并成为这一思潮的起点。很可能，莫尔本人在总结自己的生活经历时，认为《乌托邦》的意义比不上他的大法官的职位，或者比不上他反对宗教改革的斗争。我们在莫尔受害四百年之后（他是1535年被处死的）重读《乌托邦》时，比他的同时代的人感到更有兴趣。我们对他的活动的其他方面发生兴趣，首先因为他是这部精彩的对话集的作者。

《乌托邦》是对空想社会主义所特有的某些原理加以明确表述的最早的一本书。这正是它的吸引力经久不衰的原因。如果说古代世界出现过社会主义的因素，我们所指的是：消费性共产主义，人类社会初期财产共有的观念，以及组织公共生产的模糊思想等。但是，这一切都只是含混的词句，只是零星的想法，还没有连贯成统一的体系。当我们研究有关《乌托邦》的文献时，应该注意这些思想因素。人文主义者莫尔是很熟悉柏拉图和其他希腊作者的，在这些人的作品里就反映了这些思想。莫尔在《乌托邦》里提到了早期基督教公社[①]的神话式

---

① 信奉救世主耶稣的早期基督教公社显然是在小亚细亚及亚历山大（埃及）等地形成。基督教关于这些早期公社是在巴勒斯坦产生的说法，并没有科学根据。在罗马帝国建立的基督教公社是对奴隶制国家的抗议的一种表现。这些公社是宗教团体。早期基督教公社的组织很简单。社员召开大会，设立公餐。在古代基督教文献中仅仅反映了反抗的情绪：仇恨罗马、期待世界帝国迅速崩溃，等待"世界的末日"，由耶稣举行"末日的审判"和建立神的王国。后来，号召劳动者温和驯顺的派别在二世纪中叶就逐渐在基督教中占了上风。——译者

的"共产主义"。无疑的，莫尔利用了这类主题，创立了一个新的、经过全面考虑的体系，这个体系是古代奴隶制文化所不能产生的。空想社会主义作为一个完整的思想体系来说，只有在新的时代，在资本主义关系的发展所奠定的基础上，才会产生。而最早阐述这个体系的功劳理应归于莫尔。

《乌托邦》的文学形式（到一个陌生国家去旅行的故事）和古希腊后期的游记体裁的小说很相近。这种形式直到十九世纪还保持着它的活力（如卡贝的《伊加利亚旅行记》）。但是，这种形式在其他任何历史时期都未必会比莫尔的时代更能迎合社会的口味，因为《乌托邦》是在十五至十六世纪的地理发现已经开始但远未完成的条件下写成的。一些比《乌托邦》早不了多久出版的书如1507年的《宇宙志引论》或1511年的《新世界》，莫尔都曾经看过，这恐怕是没有人怀疑的。以描写新发现的国家为内容的书不仅启发莫尔采用《乌托邦》这种文学形式，而且还为他提供了发挥主题的材料：关于美洲土人及西印度群岛土人生活的故事，这些土人"不知道你的和我的有什么区别"，他们共同使用作为公共财产的土地，鄙视黄金和珠宝……莫尔把亚美利哥·韦斯浦契的旅伴之一作为他的对话集的中心人物，这件事似乎可以更进一步说明《乌托邦》和这类作品的联系。

对于莫尔的社会政治思想在十六世纪初期的条件下所能达到的水平说来，《乌托邦》形式是再适合不过的了。《共产党宣言》谈到十九世纪初期的伟大空想主义者时说道："这种幻想的未来社会方案,是在无产阶级还处于很不发展状态……产生的,是从无产阶级希望社会总改造的最初的充满预感的激动中产生的"[①]。马克思和恩格斯关于产生幻想的未来社会方案的条件所作的这种估计,不仅适用于圣西门和傅立叶的时代,而且也同样适用于莫尔的时代。莫尔虽有天才,虽然他看出了社会矛盾,而且这些矛盾还引起了他的严厉指责,但是,他在他的周围社会里却没有觉察出能够消灭这些矛盾的唯一力量的萌芽。社会的发展还没有创造出使无产者形成为一个阶级所必要的前提,产生科学社会主义的时机还没有到来。"幻想的方案"在莫尔当时的条件下是表达他的大胆的社会思想的唯一可能采用的手段。

《乌托邦》第一部的基本内容是关于莫尔那个时代欧洲各国的基本政治制度和社会制度的谈话。

在谈话中,旅行家希斯拉德——他代表的是作者的观点——尖锐地抨击了当时在英国已经登峰造极的君主专制制度。希斯拉德谴责专制君主的对外侵略政策,这种政策不但使被侵略的国家遭到蹂躏,而且也使本国民不聊生。他指出,君主为了贪图私利,不顾执政者必须关心臣民幸福、保护臣民利益的正确统治原则,而对臣民进行无情的剥削。希斯拉德断言,人民选举执政者是为了人民自己,而不是为了执政者本身。君主的荣誉和安全在于人民的幸福。可是,这些合理的原

[①]《马克思恩格斯全集》,人民出版社1958年版,第4卷,第501页。

则在国王的宫廷里是没有人愿意理会的。国王的谋臣们阿谀奉承，随时都能为那些打算剥削老百姓的决议找出这样或那样的论据，他们告诉国王各种各样加强剥削的方法……为了便利起见，他们臆造出了一种"理论"，说国王从来不会做不公道的事，因为国家的一切，包括人民在内，都是属于国王的；老百姓所以能够有财产，只是由于"国王开恩"，没有把他们的那一份财产要回来。他们还就这种理论大发谬论，说贫穷会使人民养成忍耐的习惯，而且能保障社会的安宁。恰恰相反，贫穷永远是产生动乱的根源：最倾向于革命的，正是那些不满意现行制度的人。一个国王，如果他的统治使百姓难以为生，就应该承认自己执政无方。但是，国王们最关心的是怎样用合法的和不合法的手段去吞并新的王国，而不是怎样妥善地治理已经获得的王国。为了战争，每个国家都拥有大批闲人，这些人不能从事任何和平劳动，并且轻视劳动人民。希斯拉德对和他谈话的英国人说："不管怎样，为了应付紧急战争，养一大批这类扰乱治安的人，在我看来，不利于为社会造福。你们不要战争，就绝不会有战争，而你们所更应该重视的是和平，不是战争。"莫尔还借希斯拉德的口，同样坚决而直率地揭露了国内社会关系中最令人怵目惊心的病毒。莫尔指出，当时的社会突出的首要的和根本的祸害，就是"有大批贵族"。贵族像雄蜂一样，终日无所事事，强迫自己田庄上的佃农为他们工作。贵族为了增加收入，敲骨吸髓地搜刮纯朴的人民，人民辛苦劳动，既要养活贵族，又要养活贵族的大批奴仆。莫尔这样指出了英国在十六世纪初期尚未铲除的封建制度的基本矛盾之后，接着又特别强调地指出了当时的封建关系所具有的新的丑恶特征，这些特征是由于已经出现的资本原始积累过程而产生的。《乌托邦》的第一部分描写了英国农民在养羊业发展的影响下怎样被剥夺了土地——这是资本主义关系发展中的一件大事，所有论及十六世纪的英国的作品几乎都描写过这件事。马克思在《资本论》第1卷第24章谈到原始积累的过程时两次引用了《乌托邦》的话。

希斯拉德说："你们的羊一向是那么驯服，那么容易喂饱，据说现在变得很贪婪、很凶蛮，以至于吃人，并把你们的田地、家园和城市蹂躏成废墟。"这种开玩笑似的指责只是一个开头，接着他便对农民丧失土地的原因及后果进行了极其深刻而细致的充满愤怒的分析。莫尔和希斯拉德认为，这一过程的起点是羊毛需要量的增加和羊毛价格的上升。这样大地主便能够把他们的地产从经营农业转为经营养羊业，以增加他们的收入。国内出产上等羊毛的地区的僧俗地主们很快地想出了这种增加收入的门路，便开始把自己的全部土地改为牧场，把佃农驱逐出去，把所有的村落变成荒芜之地。他们用诱骗或暴力的手段迫使凡是有地产的农民都不得不贱价卖掉自己的地产，离开自己久居的地方，因为养羊业不像种地，根本不需要那么多的人手。这些可怜的人不知何处可以安身，到处流浪，很快就把变卖财产所得的钱花光了；任何人都不需要他们的劳动，他们在被迫之下，或以讨饭为生，或是沦为盗贼。农民越来越穷了，同时那些一向从事羊毛加工和缝制衣服的穷人也越来越穷了。和羊毛有关的一切业务都落到少数有钱人手里，这些有钱人任意操纵市场，只顾自己的利益，毫不考虑他人的死活。因此，由于少数人的贪得无厌，本来会对国家有利的事却变成对国家有害的事了。

希斯拉德说，政府本应制止富人横行霸道，强迫他们恢复农田和村落，让穷人能够回来继续从事农业工作和羊毛加工工作。可是，政府不但不采取任何措施来消灭祸害的根源，反而用各种严酷的法律手段来对付那些失去诚实劳动的机会而不得不流浪和偷窃的穷人。希斯拉德虽然指出了政府应当走哪条路，但他并不相信任何明智的忠告会使政府依照这条路去走。他在另一个地方说道，国家"无非是富人狼狈为奸，盗用国家名义为自己谋利"。明智的忠告不能改变这些人对国王的政策的看法，因为这些看法是适合他们的口味和愿望的。国王和他的谋臣们固守着陈规旧俗，对于一切新鲜事物总是表示抗拒。他们从小就充满偏见，不可能正确地领会哲学家们所讲的道理。和希斯拉德交谈的人建议他去侍奉一个国王，他回答道："假如我对某一国王作出有益的条陈，彻底清除他灵魂上的毒素，难道你料想不到我会不是马上被撵走就是受到奚落吗？"这样，希斯拉德便否认了自上而下进行改革的可能，但是他却没有指出与此相反的革命改造方案。然而必须指出，他的议论中有一个地方仿佛顺便提到过"被压迫者的起义精神"是"高尚的"精神。

莫尔不仅分析了社会制度的个别缺点，还探讨了消除这些缺点的局部措施。通过对一些罪恶的分析，他自认为找到了一切社会罪恶的根源。这个根源就是私有制的统治。《乌托邦》第一部分最后谈论私有制的几页，不但在文学上，而且在逻辑上都是全书的中心点，这几页总结了上述对英国社会制度的批评，并成为下面描写理想社会制度的根据。

希斯拉德断言，在私有制度下，既谈不到正义，也谈不到社会太平。在私有制度下，每个人都尽可能把一切攫为己有。不管社会财富有多少，它总是落入少数人手里；其余的人的命运就只有贫穷。前一种人一般都是凶狠奸诈的人；后一种人则是谦虚纯朴、每天为社会的福利而劳动、不是为自己私利而劳动的人。要建立公正的秩序，必须彻底废除私有制。莫尔认为，一切局限性的改革都是治标的办法，不能根治社会的疾病。

乌托邦的制度正和欧洲各国的制度相反，它是没有私有制的制度。这样的对比，就其本身来说，在社会政治作品中并不新奇；我们已经说过，许多古代思想家也都作过这种对比。但是，莫尔在《乌托邦》中抱定的任务是具体地说明：怎样在没有私有制的条件下，根据平等原则来组织社会生产。无论这个任务的提出，或是莫尔解决这个任务的方式，都是极需有独创性的，在这方面，他并无前人可资借鉴。

乌托邦社会在经济上是一个统一体。国家的最高机关——元老院对各个地区生产的一切产品都进行统计，在必要的时候还进行产品的再分配。乌托邦的全部土地都是共有财产。国家可以把劳动力从甲地调到乙地。对外贸易也由国家经营。可是，生产的直接组织者不是整个国家，而是城市。莫尔所说的国家好像是城市联盟一样。

乌托邦的基本经济单位是家庭。每个家庭从事一定的手工业生产。家庭的生产工作受国家官员的监督；家庭所生产的产品全部交给国家。这样看来，家庭实质上就是一个公共作坊。还应该补充说明一点：这种家庭不一定是以血统关系为基础的自然家庭。甚至可以认为，这种家庭的基本标志不是血统关系，而是经济上的结合。一个儿童如果不愿意从事这个家庭所担任的那种手工业工作，可以按照自己选择的职业转到别的家庭中去。这样一来，同一家的人可能生活在不同的家庭中，因为每一个家庭只能从事一种手工业工作。一个家庭的规模超过经济上的需要时，国家可以把公民从这一家调到另一家去。

不难理解，这种家庭手工业生产组织在乌托邦是怎样产生的。这种生产组织的真实蓝本无疑是中世纪手工业。在商业资本的影响下，到了莫尔的时代，这种手工业已经发生了很大的变化。我们可以说，莫尔在某种意义上恢复了这种手工业制度，不过去掉了它最后新增添的东西。但是在莫尔这里，资本的破坏作用不是单纯地被消除了，而是被国家的有益领导所代替。不言而喻，恢复后的手工业制度并不同历史上的真实情况一模一样，而是按照作者的总的意图理想化了的。但是透过它的理想化的外形，毕竟还可以看出它的本来面貌。

整个乌托邦社会几乎无例外地包括在家庭手工业体系内。一个公民，只要他同家庭有联系，他便同手工业有关系。每个公民都学习一种手艺，手工业劳动几乎是他一生的基本职业。在乌托邦，农业不是一种职业，这是莫尔的一个独特见解，也是乌托邦制度中最引人注意的特点之一。在乌托邦，农业是很受重视的，但是农业工作是按义务劳动制的原则组织的。每个人必须从事两年的农业劳动。只有特别爱好农村生活的人，有时可以申请把这两年的期限延长。由此可见，乌托邦是没有真正的乡村的。乡村里只有农场，人们从城市来到这里做一个时期的工作，期满后又从这里回到城市，继续从事自己的基本工作。全体公民的基本住宅区和各项工作的组织中心是城市，城市有它可以用来进行农业工作的固定地区。这样说来，在近代的第一部社会主义作品中，就已经提出了消灭城乡对立的问题，虽然方法是很原始的。

手工业和农业所生产的一切产品都是整个社会的财产。公民们从公共仓库或公共市场领取他们所需要的东西。在后来的各种乌托邦中，我们看到有形形色色的给公民分配产品的形式：有的采用算术平均的原则，有的采用按功付酬的原则，还有的采用按需分配的原则。莫尔在乌托邦实行的是最后一种形式，这也是最彻底的一种形式。每个家长需要多少产品，就从社会上领取多少产品，他绝不会得不到他所需要的东西。莫尔已经懂得，这种"按需"分配的前提是产品的丰富。有了丰富的产品就"无须担心有人所求超出自己所需"。他确信，在乌托邦一定会有这样丰富的产品。

我们对于社会过渡到共产主义高级阶段的认识是和生产力的发展相联系的。只有"当每个人都得到全面的发展",而且生产力也随之壮大起来,集体财富的一切源泉都完全涌现出来时——只有这时,才能完全克服资产阶级式的权利的狭隘眼界,社会才能在它的旗帜上写道:"各尽所能,按需分配!"[①]生产力能够迅速增长的思想,莫尔是没有的。在莫尔生活的十五世纪和十六世纪之交,技术进步的意义在经济生活中表现得还很薄弱。我们在《乌托邦》这本书里没有看到乌托邦社会的技术基础有什么特别优越的地方。但是莫尔深信,在实行有限的六小时工作日的情形下,能够保证全体公民生活富裕。

莫尔证明,在技术条件不变的情况下能过这样富裕的生活,是由于乌托邦彻底消灭了寄生现象。在评论社会寄生现象及其意义方面,莫尔是傅立叶的直接先驱者。在傅立叶的学说里,我们知道寄生问题占着重要的地位。毫无疑问,傅立叶在这个问题上是根据十九世纪的情况发展了《乌托邦》的基本论点的。莫尔把士绅、上层贵族、牧师、仆役、乞丐看做寄生者。他还把一切生产奢侈品的人和妇女列入这一类;他认为,妇女的劳动力不是使用得完全不合理就是完全没有利用。

在乌托邦,只有从事社会所需要的其他活动的人,而且只有在他们真正担任着公认为有益的工作期间,才得以免除体力

[①] 参阅《马克思恩格斯全集》,人民出版社1963年版,第19卷,第23页。

劳动。例如，国家的官员就不从事体力劳动；根据才能被认为适合于做科学工作的青年也免除体力劳动。如果经过一定的时期，这些青年有负众望，就把他们调回体力工作岗位。反之，如果在从事体力劳动的公民中有人表现出智力活动的才能，就解除他的体力劳动，让他从事智力劳动去。

由于极端缺乏技术进步的思想，要解决所谓"不愉快的"劳动这个问题就非常困难了。几乎对于所有空想主义者来说，直到十九世纪为止，这个问题都是一块绊脚石。解决这个问题可以有两条途径。一条途径是：寻找一批公民，他们正好对这类工作有特殊的兴趣。例如，傅立叶说，儿童具有担任这类工作的爱好，所以他就把儿童组织起来去担任成年人所厌恶的工作。第二条途径是：通过一定的形式组织强迫劳动。为了解决问题，这两种办法莫尔都采用了。在乌托邦有一种人，他们出于宗教的动机担任起不愉快的工作，作为对社会的特殊形式的服务。但这是不够的。于是，在乌托邦又出现了一个特殊的社会阶层，这个阶层的存在看起来似乎是和莫尔的社会主义理论的总的精神相违背的。但是，从莫尔的角度来说，这类人在他的理想社会中不但是必要的，而且比起他当时所处的社会环境来说还前进了一步。这个阶层就是所谓的奴隶。乌托邦的"奴隶"实质上是被判处终身强迫劳动的人。奴隶的来源有两个——俘虏或法庭判决。必须指出，根据莫尔的说法，凡是在乌托邦受这种惩罚的人在别国都是会被判处死刑的。而且乌托邦人对本国的自由公民从不采用死刑，他们还把在邻国被判处死刑的人赎买过来。这就不难理解，为什么莫尔认为乌托邦的"奴隶制"是一件好事，因为这种制度正是针对莫尔时代英国法庭判决的惨无人道而提出的。

莫尔的前辈大多数把共有首先了解为消费品的共有。然而，我们看到，在莫尔的观念里，中心思想却是生产的共有。当然，莫尔并不反对集体消费，相反地，他显然是赞成的。但是，他在这个问题上表现了极大的容忍和实事求是的态度。显然他懂得，社会关系中的基本东西决定于生产组织，而不决定于消费组织。因此，我们在乌托邦看到有公共食堂，绝大多数公民都在这里吃饭。不过，愿意单独起火的家庭，也可以从公共市场领到食物。单独起火并没有什么害处，因此莫尔是允许的。在对待住宅和土地问题上如果有了单干思想，就会大大动摇社会的基础。这样，危害共有制的思想的确会得到滋长。因此，莫尔规定乌托邦的房屋和园地每十年必须抽签重新分配一次。

由此可见，莫尔解决这些具体问题的办法服从于最高的社会利益，即维护乌托邦社会制度的基本原则。

对乌托邦政治制度的描写具有很大的历史意义。乌托邦的全体官员都由公民选举产生。下级官员（摄护格朗特）由家长选举产生，高级官员（特朗尼菩尔及总督）由摄护格朗特选举产生。这种民主的管理制度和莫尔时代的政治实况成了一个极其鲜明的对照，因为莫尔的时代正是专制制度发展和巩固的时代，当时的原则是官员一律由上面委托。乌托邦的教育制度也具有同样民主的性质,那里所有的儿童,不分男女,都受到社会教育,既包括书本学习,也包括实际工作——手工业和农业的学习。高等教育的组织形式是社会训练班,凡是预定从事科学活动的青年必须在这里学习,同时,体力劳动者也可以参加。《乌托邦》一书能有这些民主主义的特点,拿十六世纪的思想水平来说,是很少见的。

作为一个思想家来说,莫尔在社会思想史上占有特殊的地位,他给后代留下了第一个经过全面考虑的社会主义社会的方案——尽管在这个方案里,我们可以找到许多空想主义的特点,这些特点反映了十五世纪到十六世纪英国的经济发展水平还不够高。《乌托邦》这本书的另一个方面也有同样重大的意义,这就是在论证社会主义原则时所采用的方法。在中世纪后半期,我们知道有不少次社会运动都在自己的旗帜上写着要求财产"共有"。所有这些运动都具有相当明显的宗教色彩。共有制被这些运动的发起人宣传为"上帝的法律",私有制被斥之为违法,为"犯罪"。莫尔是第一个剥掉"共有制"的宗教外壳的人,是第一个从理性出发论证"共有制"的人。他认为乌托邦的制度是最好的制度,因为从人们的尘世生活的利益来说,这是最明智、最恰当的制度。上帝规定人们按照自然法则来生活。因此,必须遵循本性的要求,要用理性去判断:应该追求什么,应该避免什么,才不至于因为最小的快乐妨碍最大的快乐。人是生来要享受幸福的。刻苦修行,放弃人生的欢乐,是愚蠢的。人的本性就是要愉快地生活,这就是说,把享受当做我们一切行动的最终目的；德行就是按照本性的要求去生活。但是，为了更好地安排幸福的生活，理性和本性告诉人们：人生在世要互相帮助。所以，人们应该在不损害他人利益的条件下追求自己的利益。乌托邦人的公共道德和关于财富分配的公共法律，就是以这种合理的原则为基础的。无怪乎莫尔认为，任何地方也不会有如此高尚的人民，如此幸福的国家。

莫尔对乌托邦人的宗教也很重视。在乌托邦占统治地位的宗教是理性化的宗教，这种宗教抛弃了这位十六世纪的人文主义者的理性所认为多余的一切成分。非常有趣的是，莫尔甚至在乌托邦推行了选举牧师的制度，这种制度在当时刚开始进行宗教改革的情况下是严重地违反传统的。一般说来，在乌托邦占统治地位的宗教所尊奉的，都是从唯理论的人文主义伦理观点和政治观点来看所必须加以神圣化的东西。这个范围以外的一切事情，都是公民个人的事情；只要不危害社会，都是可以容忍的。如果危害社会，也不是作为异端处理，而是作为违背正确的社会道德原则处理。同样，凡是根本不相信天命和灵魂不死的人都要受到公众的谴责，为人们所不信任，因为按照乌托邦人的看法，这些人丧失了效忠公共秩序的重要动力。

莫尔的这种唯理论的论述，代表了社会主义思想发展史上的一个早已过去的阶段。然而，随着历史的向前发展，空想社会主义的进步意义日趋泯灭。在十九世纪的空想主义体系中，唯理论的成分已经是反动的东西，而无政府主义者则把这些成分一直保留到二十世纪。在十五世纪和十六世纪之交，唯理论意味着社会思想摆脱了宗教的蒙蔽，因而起了进步的作用。

莫尔的那种乐生的伦理观点，他提倡人们遵循合理的本性要求的主张，甚至他的功利主义，在当时都具有很大的革命意义。虽然莫尔对旧的东西作了让步，虽然他也像大多数的人文主义者一样，力求调和宗教和理性，但是他仍然是一位为建立新的非宗教的世界观而斗争的光荣的战士。

十六世纪初怎么会产生出这样一部了不起的作品呢？这部作品是在什么样的社会影响下形成的呢？甚至就一个人文主义者来说，莫尔也是一个思考领域极其广阔的人。他不仅受过良好的古典教育，而且具有丰富的实际经验和对周围社会现象的极其敏锐的洞察能力。他在《乌托邦》的第一部分中，以极其有力的文学笔法写下了他从观察社会现象所获得的最强烈的印象。这就是关于土地制度变革和农民失去土地的印象。在这个时代的农民群众中间，我们能够断定，仅存在一种隐隐约约的、还没有任何明确的社会理想的不满情绪。当然，这也可能是我们掌握的材料不够，因为下层群众表达其社会愿望的方式，并不一定是历史学家所能理解的。过了一百五十年以后，在英国革命时期，我们才在英国农村里看到了一个以"共有"为口号的规模不大的运动，即所谓的掘地派[①]运动。莫尔的伟

[①] 十七世纪英国资产阶级革命时代的一个最激进的派别，代表少地的农民和雇农的利益。掘地派提出原始的"平等共产主义"主张，要求劳动者平分一切土地。——译者

大功绩,就是他在贫苦农村的不满情绪的影响下,能够运用他那人文主义的学识,制定出一种比无产阶级化的农民本身的社会觉悟水平高得无可比拟的社会方案。

如果说促使《乌托邦》产生的基本动力是原始积累过程在农村中所引起的群众的疾苦,那么,在制定乌托邦的各种制度方面,毫无疑问,主要是根据城市手工业的情况。因此,乌托邦的基层经济单位具有家庭手工业的性质;因此乌托邦在结构上是城市化的,农业生产是按特殊方式组织的,它是居民(基本上是城市居民)的一种临时性的义务,等等。乌托邦的这些特点的产生是十分自然的。历史上有不少的事实证明人文主义者和手工业阶层中的先进分子有着联系。莫尔本人出身于一个古老的城市家庭,不用说,他必然把城市的生活方式看得比农村的落后状态高得无可比拟。

以莫尔为代表的人文主义知识分子,在历史上是和刚刚出现的资产阶级社会关系有联系的。由于客观形势和主观条件的特殊结合,莫尔在资产阶级社会的黎明时期,在看到这个社会走向统治的迹象的时候,就不但能够用批判的态度对待这个社会的各项原则,而且还针对这些原则提出社会平等和共有的原则。当然,这位天才的单枪匹马的思想家所制定的"最好的"社会方案是不可能实现的。莫尔也没有给自己提出过这样的任务。《乌托邦》虽然并不像某些资产阶级学者所说的那样是莫尔的一种空洞的消遣文学,但是它也不是一个行动纲领。

只有当社会主义思想在马克思的天才学说里同无产阶级

的阶级斗争相结合时，只有当这种思想把广大的劳动群众团结在它的周围时，社会主义才从幻想变成生活中的实际力量。然而，在财产共有原则的最初的预言家当中，莫尔占有极端重要的地位。直到十八世纪法国资产阶级革命时为止，社会主义思想史上还找不出一部堪与《乌托邦》媲美的作品。莫尔完全有资格被称做是空想社会主义的鼻祖和空想社会主义的最伟大的代表人物之一。

中国人民大学编译室译

莫尔小传

彼得罗夫斯基

托马斯·莫尔于1478年生于伦敦。他的父亲约翰·莫尔属于富裕的城市家庭。在托马斯的幼年，约翰曾任皇家高等法院的法官。托马斯·莫尔受到很好的教育。当他还在孩提时代，就被送入伦敦的圣安东尼学校，在那里很好地掌握了拉丁文。十三岁时，由于父亲的关系，他寄住在坎特伯雷大主教、红衣主教莫顿的家中。莫顿是一个知识渊博的人，著名的政治家，甚至一度当过大法官。莫尔很喜欢这位红衣主教，他一生中都怀着愉快的心情回忆起寄住红衣主教家中的情形。

1492年，莫尔进入牛津大学，在大学里，由于他的卓越的才能，不但很快引起人们的注意，而且和他的老师科利特、格罗辛，林纳克等人成了忘年之交。这些人都是人文主义者——把人格和人性的研究放在第一位的中世纪烦琐神学的反对者。在牛津大学期间，莫尔对于意大利人文主义者米兰多拉伯爵皮科（1462—1494）的著作非常着迷，莫尔曾将他的传记以及他的叙述十二条人生准则的作品《十二把利剑》译成英文。皮科关于教会的见解，以及他想"清除"基督教教义的污垢的意向，都是莫尔感到亲切的。

可是，莫尔的父亲想把他造就成一个法学家，对他的向往古代语言和文学不表赞同。1494年，父亲迫使他离开牛津大学去专攻法律。莫尔在理论上和实际上都有经验的法学家的指导下很好地研究了英国的法律，使他很快得到了头等律师的声名。可是，他没有放弃对古代典籍的研究，并且在拉丁文和希腊文上都继续不断地精益求精。他仍然从事在牛津大学早已开始的文学生涯。

到1497年①，著名的人文主义者鹿特丹的伊拉斯谟第一次来到英国时就和莫尔结识了。他们二人是在伦敦市长举行的一次隆重的宴会上见面的，在短短的几个小时内，他们都以自己的才思敏捷而博得彼此的爱慕。伊拉斯谟最后不禁失声叫出："你不是莫尔还是谁！"莫尔立刻回答："你要不是伊拉斯谟，才见鬼！"和伊拉斯谟结交后，莫尔更多地接近了人文主义者，他成为1498年担任牛津大学希腊文讲座的伊拉斯谟的小组里的活跃分子。后来，于1509年，在莫尔家中并在莫尔的影响下，伊拉斯谟写成了他的有名的《愚赞》一书。

像《乌托邦》中的主人公拉斐尔·希斯拉德一样，莫尔

---

① 根据〔英〕钱伯斯所著《托马斯·莫尔》一书第70页以及《英国百科全书》（Encyclopedia Britannica，1976年）第12卷，第437页，伊拉斯谟首次来到英国并与莫尔相识是在1499年，而不是在1497年。本书附录二照俄译本译出，文中关于史实的叙述有些地方与有关的英文书籍所载不同，不一一加注。——中译本编者

对希腊作家的爱好，甚于他对拉丁作家的爱好。他尤其重视柏拉图，并对他加以研究。据伊拉斯谟证明，莫尔早在青年时代就对柏拉图的"共产主义"思想很入迷。研究柏拉图的《共和国》的痕迹在《乌托邦》中清楚可见，他也熟读并且爱好琉善。

像当时的大多数人文主义者一样，莫尔还不能完全抛弃宗教的世界观。他认真地研究了奥古斯丁的作品，甚至一度进入卡特豪斯修道院。修道院生涯使莫尔有可能潜心研究科学，可是修道院的生活方式，在他熟悉之后，使他不得不拒绝削发出家，仍然回到尘世。

莫尔作为一个律师，在数年之中，由于他主持公道，替受屈的人撑腰而闻名伦敦。1504年，当他已满二十六岁的时候，他被选为议员。在议院中，他更是声望卓著，同时也引起英王亨利七世的憎恨，因为亨利七世曾为公主的婚礼以及皇太子的晋爵士礼（顺便提一提，这时这个皇太子已经死了）向国会勒索一笔补助费，莫尔发言反对。议会削减了这笔补助费，为此，亨利七世向莫尔进行报复。他把莫尔的父亲囚禁在伦敦塔里，并罚以巨款，因为莫尔本人的人身不可侵犯，要罚莫尔出钱是不成的，何况莫尔并无很可观的财产。

此后，莫尔觉得脱离政治活动才是明智的。他回到律师界，重新研究人文科学及自然科学。他进一步深入钻研数学和天文学，并且研究音乐。1505年，莫尔认识了苏格兰的约翰·科尔特这家人，并且过从甚密。他钟情于科尔特家的二小姐，可是又不愿得罪大小姐，还是和大小姐结了婚。莫尔婚后有子女四人：三女一男。莫尔是很顾家的人，十分钟爱他的子女，尤其钟爱他的大女儿玛格丽特，对她进行了很好的教育。玛格丽特精通古代语文，甚至获得学者的荣誉。她的丈夫罗珀是第一个为莫尔作传记的人。莫尔在自己家中实现了他在《乌托邦》中所发挥的妇女平权的理想。1511年，莫尔丧偶，另娶了一个上了年纪的寡妇，名叫米德尔顿。

1509年，亨利七世病故，莫尔觉得自己可以重新从事社会活动了。他被选为伦敦林肯法学协会的公断人；1510年，他担任伦敦市的司法官。这时，他已博得了市民的充分信任。英国商人两次促使英王委派莫尔先后到荷兰及加来，调解和当地商人发生的商务纠纷。当1516年的一次出使时，莫尔在弗兰德斯开始写《乌托邦》。他这次出使的经过构成了本书的背景。《乌托邦》很快闻名遐迩，给作者带来了应得的荣誉。在十六世纪到十七世纪中，这书曾经印行多次，被译成欧洲各国文字。虽然莫尔早先用英文写作（他的作品之一《理查三世的历史》，于1513年写成，享有盛名，并为莎士比亚的一部历史剧的蓝本），但是他用拉丁文写了《乌托邦》。拉丁文在当时是学术著作的国际语文。莫尔的拉丁文是他的大多数同时代人所赶不上的，虽然缺乏伊拉斯谟的文体的那种轻快和优雅。

莫尔博学的名声，以及他实际活动的政绩，传到了英王的耳里，英王就想和这位出类拔萃的人物接近。1518年，莫尔被任命为王室请愿裁判长、枢密顾问官，于是他很快投身到国务活动场所中去了。1521年，他出任副财务大臣，并受封为爵士。莫尔这时在宫廷上声望很高。英王经常和他谈论，不拘礼节地约他同餐，和他研讨天文学和数学。可是，莫尔并不因为这些邀请而感到任何的高兴。1523年，经过大法官沃尔西①提名（实际上是由于宫廷任命），莫尔当选为下议院议长。1525年，他受命为兰开斯特公国的首相。1529年，他又代替沃尔西为英国的大法官，成为英王下面的第一号要人。他是出身于资产阶层的人中第一个担任大法官的。可是，莫尔不曾被胜利冲昏了头脑。他仍旧是个朴素、谦逊、和蔼可亲的人，如同伊拉斯谟所描写的一样。他的老父继续在皇家法庭工作。莫尔每天在执行大法官公务之前总跪在他父亲的面前，请求赐福。莫尔对自己地位的不稳固很有先见之明。英王亲自来访问过他，拥抱过他，和他在花园中散步，莫尔事后告诉他的女婿说，若是用付出莫尔的头颅的代价可以换得正和英国交战的法国任何一个无足轻重的城堡，英王会不假思索地把莫尔的头颅割下的。在大法官就职时举行的传统的庄严的庆祝会上，莫尔致答辞说，等待着他的与其说是荣誉，还不如说是困难和危局。莫尔明白，他的地位是岌岌可危的，尤其是爬得高，必然会跌得重。

---

① 沃尔西（Thomas Wolsey，约 1475—1530 年）——煊赫一时的大法官及红衣主教，因激怒英王亨利八世，被判为国事犯，解赴伦敦，途中病死。——中译者

他在从事全部国务活动过程中，完全独立自主，从不肯附和别人，委曲求全。1528年，莫尔遭到荣誉流放的威胁，即出使西班牙，因为在国会中投国家预算案的票时，他没有站在英王一方。这次失宠于英王虽然是暂时的，可是，几年之后，莫尔便遭到总的报复了。

由于宗教政策发生了冲突。莫尔赞成保持教皇的政权，虽然他在论及宗教问题的作品中主张用全教会代表会议来限制这种政权。赞成这种政权，并不能阻止他非笑骗子僧侣的迷信无知和烦琐神学者的愚蠢。

他对于由路德倡导在1517年发生的宗教改革不曾表示同情。英王亨利八世是宗教改革的彻底反对者，支持教皇，并于1521年发表一整本书攻击路德，该著作是委托莫尔编辑的。路德著文反驳，在文章里骂亨利八世是"粗笨、糊涂、愚蠢的脑袋"，是"荒唐的小丑，不懂得什么是信仰"。1523年，《莫尔答路德所散布的对英王亨利八世的嘲弄》（"Thomae Mori responsa ad convitia Martini Lutheri congesta in Henricum Regem Angliae eius nominis Octavum"）一文刊出，对路德这个"醉汉和野人"充满着人身攻击。

几年后，英王亨利八世由于和教皇发生纠纷而改变了对宗教改革的态度。引起纠纷的起因是，教皇完全受制于西班牙国王查理五世，不肯同意亨利八世和西班牙公主凯瑟琳离婚。亨利八世要离婚，乃是因为想纳美貌宫女安·菩琳为皇后。而实在的原因却更深一层：和西班牙皇室联姻这时已经失去了意义，而和教皇决裂，并使英国教会分立，意味着可以从拥有巨量珍宝和地产的英国天主教寺院手里获得大宗财富。

在莫尔看来，这样的改革比路德的改革好不了多少。1532年，他辞去大法官职务，这正是英王特别需要他支持的时候。莫尔回到隐居的生活中，但这挽救不了英王向他报复。他拒不出席安·菩琳的加冕典礼，这就使英王对他更加怀恨在心了。

莫尔被控告犯了叛国罪，说他和修道士尼巴顿有勾结，尼巴顿曾预言英王如纳安·菩琳为后必遭毁灭。可是对莫尔的控告是毫无根据的。莫尔被宣告无罪。当他的女儿因此表示高兴时，他对她说："把事情搁在一旁并不等于把事情就抹掉了。"

1533年，亨利八世迫使议院通过法令，宣布他是英国教会的首领。此外，他与安·菩琳重婚也被认为有效，而菩琳的女儿（即后来的伊丽莎白女王）则被宣布为英国王位的合法继承人。全英国最杰出的人物，包括莫尔在内，都必须宣誓承认英王是教会的首领。莫尔因拒绝宣誓而被关进伦敦塔。他在那里关了一年多。他坚不吐露他拒绝宣誓的理由。1535年7月1日，他经由法庭特种委员会审讯，有一个暗中派到狱中摆布他的名叫里奇的人，出面做假证人来控告他。莫尔为自己辩护，神色自若。可是，他还是被判有罪。判词称："送他回到伦敦塔，从那儿把他拖过全伦敦城解到泰柏恩行刑场，在场上把他吊起来，让他累得半死，再从绳索上解开他，乘他没有断气，割去他的生殖器，挖出他的肚肠，撕下他的心肺放在火上烧，然后肢解他，把他的四肢分钉在四座城门上，把他的头挂在伦敦桥上。"可是英王命令单把莫尔杀头，以代替这种刑罚。莫尔听见后指出："天呀！救救我的朋友们免遭这样的恩惠吧！"

托马斯·莫尔于1535年7月7日被处死刑。他不屈不挠，视死如归，临刑前还说笑话。莫尔被禁止最后向人民发出呼吁。他告别了家人，自己用头巾扎住眼睛，并且对刽子手说："我的颈子是短的，好好瞄准，不要出丑。"莫尔的头终于挂在伦敦桥上示众。

英王继续迫害莫尔的家人，把他的妻子从家中逐出，剥夺了她的一切生活来源。他的儿子有一段时间被囚禁在伦敦塔中。

1886年，天主教会为了把这位人文主义和社会主义思想的杰出人物列入它的"殉道者"之林中，以力求巩固自己的威信，便追封莫尔为圣徒，尽管莫尔的观点绝不是正统的。

《乌托邦》的版本和翻译

马列因

《乌托邦》的手稿没有保存下来。它的初版于1516年出现在比利时的卢万城,当时莫尔的朋友伊拉斯谟居住在卢万。主要的出版监督人,除伊拉斯谟外还有彼得·贾尔斯。正文前载有作者致彼得·贾尔斯的信。在这本小册子的扉页上说明它的刊印是"异常精密的"。但这不过是老一套的印刷上的吹嘘而已。正文中印错的字及拉丁文的各种错误很多。例如,在第101页(据卢普顿版)上有一句话,它的主语名词是阴性(oratio 谈论),而属于它的述语中的形容词却用阳性(iucundus 快乐的)。对于精通拉丁文的莫尔来说,这样的性属关系是绝不容许出现的。因此最初的原文是根据口授这一个假设,可能不失为聪明的假设。像这类的事先防范,和在别的城市刊印一样,最可能的一个解释便是为了担心检查。

第一版的《乌托邦》是属于珍本书之列的。举世共知的只有五部。苏联的一部藏在马克思恩格斯列宁学院。

由于本书第一版难以令人满意所引起的兴趣,使得书商吉尔·德·古尔蒙于1517年将其在巴黎重版问世。这一版

（B版）付印时同样未经作者本人看过，印错的字比第一版还多。它是把第一版（A版）作为蓝本的，可是提出许多有趣的文字出入。其中我们可以举出两处，在这里强调执政者和人民大众间的不协调的趋势是显然可见的。那就是，在第193页（据卢普顿版）上，仅B版原文上有这些字样："受暴政压迫的人民"，而在其他的版本上措辞的含义便不这样尖锐。在第303页（卢普顿版）上也正是如此。对富人"剥削他们"（穷人）这样的词句，只有B版更加上"如同驮载的牲畜一般"。B版也留传很少，我用的样本是列宁格勒公共图书馆的。

头两版错误百出，迫使伊拉斯谟向巴塞尔城出版他本人作品的可靠的印刷商傅罗本接洽。1518年一年中，傅罗本就发行了两版《乌托邦》（一版在3月，另一版在11月）。这两个版本，尤其是第二版的本文要精确得多了。1517年3月1日伊拉斯谟曾从安特卫普城写信对莫尔说："请尽快寄下你修订过的《乌托邦》。"莫尔没有辜负朋友的希望，因为1517年5月底，这位伊拉斯谟又写信告诉莫尔说："你的嘲讽短诗和《乌托邦》已经由我寄往巴塞尔城了。"由此可以断定，1518年版（C版）是据莫尔修订过的A版本的原文印出来的。当然，这就使这个版本具有特殊的价值。但是C版的两种本子也有不少的误印。我用的C版是苏联科学院图书馆的（11月本），以及文献局图书馆的（3月本）。其余的版本是在莫尔死后印行的，因此对于恢复原文的原来面目起不了什么作用①。诚然，校订家们有时对个别错误的改正很是中肯，可是也加进了新的错误。例如1565年的莫尔拉丁文集所载的《乌托邦》本文（据B版），以及1689年全集所收的《乌托邦》本文（据B版和C版），都有这样的情况。

十九世纪，米歇尔斯和著名的教育家齐格勒合作，以A版为基础，再版了《乌托邦》，列入《十五及十六世纪拉丁文学名著》（柏林，魏德曼公司，1895年版）这部丛书中。

米歇尔斯盲目地翻印A版，不曾更正它的种种缺陷。此外，他附载了B版及C版的主要异文，可是做得极其草率，对B版尤其如此。

也就在1895年这一年中，出现了以C版（3月本）为底本的卢普顿版，并附有很好的注释②。我把卢普顿版当做我翻译时的主要用本，再参照A、B及C版（11月本），以修正它的误刊，并加以检查。仅在比较重要的场合指出译文未能苟同卢普顿版本文，以及改正其误刊的地方。A、B、C版上的边注也省略了，只有少数极重要的地方除外。

---

① 除了上面所说的，本书在十六世纪尚用原文印过四版，并译成各种文字：德文（1524年）、意大利文（1548年）、法文（1550年及1559年两版），英文（1551年及1556年两版）及荷兰文（1562年）。

② 《托马斯·莫尔爵士的〈乌托邦〉，1518年3月拉丁文版及1551年鲁宾逊英译第一版，附卢普顿新增译文、引言及注释……》，牛津，1895年版。较后的版本，据我们知道的，有1910年桑普森版和1936年戴尔库尔版。但直到目前为止，卢普顿版仍然是较好的版本。——俄译本编者

现在谈一谈各种译本，仅举出其中最有名的和最有价值的译本。属于这一类的首推鲁宾逊的经典性的英译本，这个版本于1551年初版发行，此后印行多次。这个译本翻译非常正确并接近原著。译者所用的语文在英国被奉为典范。

鲁宾逊的译文附在上面所说的卢普顿版本内。

法文译本中可举革得维尔的译本。这个本子对《乌托邦》与其说是翻译，还不如说是转述，有些地方很不精确。它的特点是附有版画。就我所知道的，除掉C版上有霍尔拜因作的一些画外，这是给《乌托邦》加上插图的唯一的尝试了。

这些图画中最有意思的是乌托邦人的公共食堂和新郎新娘互相审视图。这个译本于1715年刊印于来丁城。文献局图书馆藏有此书。

其他的法文译本则有托马斯·卢梭的，这人是雅各宾党人俱乐部的档案管理员。第二版发行时正值法国大革命的一年（1789年）。这也是一个和原文相去很远的译本，而且对原文有所增加，虽然尚不到革得维尔译本的程度。可是卢梭的译本在法国竟俨然是拉丁文圣经一般，并于1888年再版。

科德的德文译本是臭名昭著的，这是大家都知道的"赖克拉"公司于1846年印行的译本，后来重印，列入这个公司的"万有丛书"中。科德的译本，已有难以驳倒的证明，肯定它不是从原文译出，而是从一个靠不住的法文译本转译的，并且这个法文译本本身也没有依照原文，是依照伯内特的英译本转译的。结果全书都很糟。

最后我来谈谈俄文译本。"勤勉的语言学家"塔拉吉雅科夫斯基是向俄罗斯读者介绍莫尔的最初的人物之一。奥尔洛夫院士现在所确定的这位作家的政治面貌，证明他远不是如别人所通常描写的那样一个谄媚的帝制分子，而是善于在他必须从事翻译的那些原著的选择上巧妙地表示出自己反对政府的心情。在罗兰的《罗马史》第11卷的《译者前言》中，执笔人用诗歌的体裁转述了"这位光荣英明人物""英国托马斯·莫尔"的一部作品。

就《乌托邦》本身说来，它的两个初译本出现于十八世纪末。我们把两个译本的标题①照录如下：(1) 关于大同盛治或乌托邦的叙述。作者英国首相托马斯·莫尔，共分两卷。卢梭从英文译成法文，本版俄文系从该法文本转译的。教区管理局批准。印于圣彼得堡，担任费用人施诺尔。1789年，210页。(2) 哲学家拉斐尔·希斯拉德的新世界游记，一部值得注意的搜奇探胜的叙述文，也是关于乌托邦岛上爱好和平国民的明智生活方式的叙述文。从英文译出，原作者托马斯·莫尔。简装每册定价1卢布。印于圣彼得堡。教区管理局批准。担任费用人施诺尔。1790年，210页。

这两种译本的标题尽管不同，译文则完全一样。第一个

---

① 比较契丘林《论托马斯·莫尔的〈乌托邦〉十八世纪的俄译本》中的评语，载《国民教育部公报》，1905年，第5卷，第223—224页。契丘林关于两个标题，尤其是关于第一个标题，引得不够精确。（契丘林把莫尔的名字 Mop 竟拼作 Myp，引用人在其后用 sic 来标出。——中译者）

译本的标题中所提到的卢梭正是上面已经指出的那个人。这个俄译本的缺点在和它同时出现的卡拉津出版的《莫斯科杂志》（1791年，第1期）的第2版（1801年）第361—371页上已经指出来了。书评作者录下该书的标题（即上文所引的《哲学家拉斐尔·希斯拉德》等等），简单地叙述了莫尔的生平，然后很详尽地转述了全书的内容；在结尾中，他认为"这部政治性的小说的俄译本是艰涩难读的"，并摘引译文的若干片断以证明这点，书评的结尾这样写道："文体上有许多处是法国语风，说明这个本子不是从英文译出的，而是从法文译出的"（这意见是十分正确的，因为它用的是卢梭的法译本）；"译者不用 Судия，而用 Магистрат，不用 Азартные игры，而用 Случайные игры，诸如此类。可见译者的法文和俄文都不高明"。

在丹尼列关斯基1874年发表的小说《巨浪》中，提到过（据1901年圣彼得堡出版的《涅瓦》杂志，第5卷，第185页）《托马斯·莫尔的乌托邦岛》一书。可是在查阅各大图书馆的书志和目录之后，无从证实这样的版本的确存在过。

1901年，塔尔列译出《乌托邦》，作为他的硕士论文《从莫尔时代英国经济状况论莫尔的社会观点》的附录（圣彼得堡，1901年）。这个译本显然是在匆忙中赶出来的，一般说来不太成功。

按时间说，最后的俄文翻译是耿凯里的译本：《托马斯·莫尔：乌托邦（一个国家即乌托邦新岛国的大同盛治，著者英国知名人士大法官托马斯·莫尔）[①]。从拉丁文译出者耿凯里，参加工作者马克什威，附马克什威编的莫尔传略（刊有莫尔画像），圣彼得堡，1903年》。这个译本（是个不能令人满意的译本）甚至在十月革命后还重版过数次。譬如，第三版是作为"彼得格勒工兵代表苏维埃版"于1918年在彼得格勒印行的，而第四版则由哈尔科夫城"无产者"出版社刊行，并且这一版的每册上写着"修订本"字样，但实际上并未修订和增补。

我在自己这个译本中首先力图对原文意义作准确的传达。也许由于我力图这样做，在许多地方我过分依赖了和俄文文体完全不同的拉丁文原文的结构，虽然我是始终力求避免拉丁文结构的。尤其困难的是克服原文的很长的复合句。要彻底抛开那些很长的复合句在我还不能做到，因为那样会丧失原著中的雄伟的气魄。

末了我应该感谢科学院院士沃尔金和奥尔洛夫，以及安林斯基，他们曾向我指出翻译中某些文体上的毛病。安林斯基对这个译本出力尤多，他不辞劳苦地根据拉丁语原本校订了全文，同时提出了许多宝贵的意见，因而不但从易读这一方面看来，而且从更接近原文这一点说来，也使译文生色不少。

[①] 括号内的原文系拉丁文，但"国家"的语尾有误，拼成 rei publici, 应为 rei publicae。这个误印经引用人用 sic 来标出。——中译者

本版即第三版《乌托邦》译文经过彼得罗夫斯基重新修订，编者并力求以慎重的态度对待已故马列因教授的译文。译文的注解中也作了一些更正确的说明和细微的修改。马列因的译本初版1935年由苏联科学院出版局印行。第二版由苏联科学院出版局于1947年印行。

汉译文学名著

第一辑书目（30种）

伊索寓言	〔古希腊〕伊索著　王焕生译
一千零一夜	李唯中译
托尔梅斯河的拉撒路	〔西〕佚名著　盛力译
培根随笔全集	〔英〕弗朗西斯·培根著　李家真译注
伯爵家书	〔英〕切斯特菲尔德著　杨士虎译
弃儿汤姆·琼斯史	〔英〕亨利·菲尔丁著　张谷若译
少年维特的烦恼	〔德〕歌德著　杨武能译
傲慢与偏见	〔英〕简·奥斯丁著　张玲、张扬译
红与黑	〔法〕斯当达著　罗新璋译
欧也妮·葛朗台　高老头	〔法〕巴尔扎克著　傅雷译
普希金诗选	〔俄〕普希金著　刘文飞译
巴黎圣母院	〔法〕雨果著　潘丽珍译
大卫·考坡菲	〔英〕查尔斯·狄更斯著　张谷若译
双城记	〔英〕查尔斯·狄更斯著　张玲、张扬译
呼啸山庄	〔英〕爱米丽·勃朗特著　张玲、张扬译
猎人笔记	〔俄〕屠格涅夫著　力冈译
恶之花	〔法〕夏尔·波德莱尔著　郭宏安译
茶花女	〔法〕小仲马著　郑克鲁译
战争与和平	〔俄〕列夫·托尔斯泰著　张捷译
德伯家的苔丝	〔英〕托马斯·哈代著　张谷若译
伤心之家	〔爱尔兰〕萧伯纳著　张谷若译
尼尔斯骑鹅旅行记	〔瑞典〕塞尔玛·拉格洛夫著　石琴娥译
泰戈尔诗集：新月集·飞鸟集	〔印〕泰戈尔著　郑振铎译
生命与希望之歌	〔尼加拉瓜〕鲁文·达里奥著　赵振江译
孤寂深渊	〔英〕拉德克利夫·霍尔著　张玲、张扬译
泪与笑	〔黎巴嫩〕纪伯伦著　李唯中译
血的婚礼——加西亚·洛尔迦戏剧选	〔西〕费德里科·加西亚·洛尔迦著　赵振江译
小王子	〔法〕圣埃克苏佩里著　郑克鲁译
鼠疫	〔法〕阿尔贝·加缪著　李玉民译
局外人	〔法〕阿尔贝·加缪著　李玉民译

汉译文学名著

第二辑书目（30种）

枕草子	〔日〕清少纳言著	周作人译
尼伯龙人之歌	佚名著	安书祉译
萨迦选集		石琴娥等译
亚瑟王之死	〔英〕托马斯·马洛礼著	黄素封译
呆厮国志	〔英〕亚历山大·蒲柏著	李家真译注
波斯人信札	〔法〕孟德斯鸠著	梁守锵译
东方来信——蒙太古夫人书信集	〔英〕蒙太古夫人著	冯环译
忏悔录	〔法〕卢梭著	李平沤译
阴谋与爱情	〔德〕席勒著	杨武能译
雪莱抒情诗选	〔英〕雪莱著	杨熙龄译
幻灭	〔法〕巴尔扎克著	傅雷译
雨果诗选	〔法〕雨果著	程曾厚译
爱伦·坡短篇小说全集	〔美〕爱伦·坡著	曹明伦译
名利场	〔英〕萨克雷著	杨必译
游美札记	〔英〕查尔斯·狄更斯著	张谷若译
巴黎的忧郁	〔法〕夏尔·波德莱尔著	郭宏安译
卡拉马佐夫兄弟	〔俄〕陀思妥耶夫斯基著	徐振亚、冯增义译
安娜·卡列尼娜	〔俄〕列夫·托尔斯泰著	力冈译
还乡	〔英〕托马斯·哈代著	张谷若译
无名的裘德	〔英〕托马斯·哈代著	张谷若译
快乐王子——王尔德童话全集	〔英〕奥斯卡·王尔德著	李家真译
理想丈夫	〔英〕奥斯卡·王尔德著	许渊冲译
莎乐美 文德美夫人的扇子	〔英〕奥斯卡·王尔德著	许渊冲译
原来如此的故事	〔英〕吉卜林著	曹明伦译
缎子鞋	〔法〕保尔·克洛岱尔著	余中先译
昨日世界：一个欧洲人的回忆	〔奥〕斯蒂芬·茨威格著	史行果译
先知 沙与沫	〔黎巴嫩〕纪伯伦著	李唯中译
诉讼	〔奥〕弗兰茨·卡夫卡著	章国锋译
老人与海	〔美〕欧内斯特·海明威著	吴钧燮译
烦恼的冬天	〔美〕约翰·斯坦贝克著	吴钧燮译

汉译文学名著

第三辑书目（40种）

埃达	〔冰岛〕佚名著　石琴娥、斯文译
徒然草	〔日〕吉田兼好著　王以铸译
乌托邦	〔英〕托马斯·莫尔著　戴镏龄译
罗密欧与朱丽叶	〔英〕莎士比亚著　朱生豪译
李尔王	〔英〕莎士比亚著　朱生豪译
大洋国	〔英〕哈林顿著　何新译
论批评　云鬈劫	〔英〕亚历山大·蒲柏著　李家真译注
论人	〔英〕亚历山大·蒲柏著　李家真译注
亲和力	〔德〕歌德著　高中甫译
大尉的女儿	〔俄〕普希金著　刘文飞译
悲惨世界	〔法〕雨果著　潘丽珍译
安徒生童话与故事全集	〔丹麦〕安徒生著　石琴娥译
死魂灵	〔俄〕果戈理著　郑海凌译
瓦尔登湖	〔美〕亨利·大卫·梭罗著　李家真译注
罪与罚	〔俄〕陀思妥耶夫斯基著　力冈、袁亚楠译
生活之路	〔俄〕列夫·托尔斯泰著　王志耕译
小妇人	〔美〕路易莎·梅·奥尔科特著　贾辉丰译
生命之用	〔英〕约翰·卢伯克著　曹明伦译
哈代中短篇小说选	〔英〕托马斯·哈代著　张玲、张扬译
卡斯特桥市长	〔英〕托马斯·哈代著　张玲、张扬译
一生	〔法〕莫泊桑著　盛澄华译
莫泊桑短篇小说选	〔法〕莫泊桑著　柳鸣九译
多利安·格雷的画像	〔英〕奥斯卡·王尔德著　李家真译注
苹果车——政治狂想曲	〔英〕萧伯纳著　老舍译
伊坦·弗洛美	〔美〕伊迪斯·华尔顿著　吕叔湘译
施尼茨勒中短篇小说选	〔奥〕阿图尔·施尼茨勒著　高中甫译
约翰·克利斯朵夫	〔法〕罗曼·罗兰著　傅雷译
童年	〔苏联〕高尔基著　郭家申译
在人间	〔苏联〕高尔基著　郭家申译
我的大学	〔苏联〕高尔基著　郭家申译

地粮	〔法〕安德烈·纪德著	盛澄华译
在底层的人们	〔墨〕马里亚诺·阿苏埃拉著	吴广孝译
啊,拓荒者	〔美〕薇拉·凯瑟著	曹明伦译
云雀之歌	〔美〕薇拉·凯瑟著	曹明伦译
我的安东妮亚	〔美〕薇拉·凯瑟著	曹明伦译
绿山墙的安妮	〔加〕露西·莫德·蒙哥马利著	马爱农译
远方的花园——希梅内斯诗选	〔西〕胡安·拉蒙·希梅内斯著	赵振江译
城堡	〔奥〕弗兰茨·卡夫卡著	赵蓉恒译
飘	〔美〕玛格丽特·米切尔著	傅东华译
愤怒的葡萄	〔美〕约翰·斯坦贝克著	胡仲持译

图书在版编目（CIP）数据

乌托邦/（英）托马斯·莫尔著；戴镏龄译. —北京：商务印书馆，2022
（汉译世界文学名著丛书）
ISBN 978-7-100-21573-2

Ⅰ.①乌…　Ⅱ.①托…②戴…　Ⅲ.①乌托邦　Ⅳ.①D091.6

中国版本图书馆 CIP 数据核字（2022）第 150414 号

权利保留，侵权必究。

汉译世界文学名著丛书
乌托邦
〔英〕托马斯·莫尔　著
戴镏龄　译

商务印书馆出版
（北京王府井大街36号　邮政编码100710）
商务印书馆发行
北京中科印刷有限公司印刷
ISBN 978-7-100-21573-2

2022年9月第1版　开本 850×1168　1/32
2022年9月北京第1次印刷　印张 6½
定价：39.00元